Kleines Lexikon der Fußballnieten

Christian Eichler, Jahrgang 1959, lebt und arbeitet als internationaler Sportkorrespondent der *Frankurter Allgemeinen Zeitung* in Brüssel. Im Frühjahr 2000 erschien im Eichborn Verlag sein *Lexikon der Fußballmythen*.

Dieses Buch wurde gefühlsmäßig überwiegend eher in der älteren Rechtschreibung verfaßt/verfasst.

Die Deutsche Bibliothek – CIP-Einheitsaufnahme

Eichler, Christian:
Kleines Lexikon der Fußballnieten : Versager, Flops und Eigentore / Christian Eichler. – Frankfurt am Main : Eichborn 2002
ISBN 3-8218-3582-6

© Eichborn AG, Frankfurt am Main, Februar 2002
Reihenkonzeption/Umschlaggestaltung: Moni Port
Umschlagfotografie © Bongartz Sportfotografie GmbH, Hamburg
Foto: Bongartz/Peter Schatz
Lektorat: Oliver Thomas Domzalski
Satz: Fuldaer Verlagsanstalt, Fulda
Druck und Bindung: Clausen & Bosse, Leck
ISBN 3-8218-3582-6

Verlagsverzeichnis schickt gern:
Eichborn Verlag, Kaiserstr. 66, D-60329 Frankfurt
www.eichborn.de

Christian Eichler

Kleines Lexikon der Fußballnieten

Pleiten, Flops und Eigentore

EICHBORNS SCHRÄGE BÜCHER

Die Umschlagfotografie stammt von Bongartz / Peter Schatz und zeigt eine Szene aus dem Champions-League-Gruppenspiel FC Bayern München gegen FC Valencia am 28. September 1999 mit Giovane Elber (München) und Amedeo Carboni (Valencia). Das Spiel endete 1:1.

Ein spezieller Dank für das Anzapfen seines phänomenalen Fußballgedächtnisses und -archivs geht an Matti Lieske.

INHALT

Vorwort

Es war die Zeit der Befreiung, des Aufbruchs, der Utopie. Der Duft des Neuen, er wehte bis an die Basis in jenen goldenen 70er Jahren des deutschen Fußballs. Ja, er fand seinen Weg selbst bis ins berüchtigte Derby Quarta b gegen Quarta d, die heftig rivalisierenden Klassen einer nicht unbedeutenden westdeutschen Kaderschmiede. Es war ein warmer Frühsommertag, und eines dieser Duelle stand so verbissen auf Messers Schneide, als kämpften begnadete Gladbacher und abgebrühte Bayern um die Vorherrschaft. Da wurde der Ball vom Rechtsaußen der d in einem schulbuchartigen, geradezu gladbachmäßigen Konter bis an die Grundlinie getrieben, um den Torwart herum, und scharf nach innen gezogen, wo der Mittelstürmer allein vor dem leeren Tor unzweifelhaft einen leichten, den Angriff durch seine Lässigkeit krönenden Treffer machen würde ... Doch da, welch unglaubliches Malheur, der Ball hat leicht zu hüpfen begonnen, und ehe man sich versieht, ist er vom hilflos versteiften rechten Fuß aus drei, höchstens dreieinhalb Metern weit über das gähnend leere Tor gejagt, hämisch aufsteigend wie eine Silvesterrakete. Bilder, die man nie mehr aus dem Kopf bekommt, Bilder des pubertären Entsetzens.

Ob ein so traumatisches Erlebnis zwangsläufig zum Schreiben von Büchern führt? Gewiß scheint dem Mittelstürmer von damals, der auf jenem Aschenplatz den Traum von der großen Karriere begrub, nur eines: Sport ist vor allem Schadenfreude. Das steht unverrückbar fest seit dieser hochnotpeinlichen Fehlleistung, die ihn zum steten Gespött der Schulkameraden machte. Und der Sport, der am meisten Schadenfreude spendet, weil er die schönsten Schadensfälle produziert, ist eindeutig der Fußball. Was Menschen mit dem Ball so danebengeht, selbst solchen, die daran ausgebildet wurden, selbst solchen, die dafür bezahlt werden – einfach herrlich!

Klar, daß man das einmal aufschreiben mußte – und kurios, daß die Anregung dazu durch einen Hörfehler am Telefon zustandekam: Im Frühjahr 2000 nämlich verstand ein Journalist, der das eben herausgekommene »Lexikon der Fußballmythen« angepriesen bekommen sollte, zunächst fälschlich »Lexikon der Fußballnieten« – und war dann beinahe enttäuscht, daß es das nicht wirklich gab. Ihm konnte geholfen werden: Nun gibt es das »Kleine Lexikon der Fußballnieten«, eine Sammlung von Fehlleistungen am Ball, die nicht immer persönlich gemeint ist.

Natürlich wird ein Mensch nicht wirklich zur Niete, nur weil er einmal einen Ball in die falsche Richtung getreten hat, einen Rumpelfußballer teuer eingekauft oder sich beim Fernsehenschauen verletzt hat. Aber für diesen kostbaren Moment war er es, weil er im großen Lotteriespiel die Loser-Karte gezogen hatte: die Niete eben. Und darüber muß man sich einfach lustig machen.

1. ELF NIETEN SOLLT IHR SEIN
Minusserien und Rekordklatschen

Amerikanisch-Samoa verlor in der Qualifikation für die Weltmeisterschaft 2002 gegen Australien mit dem aparten Ergebnis von 0:31. Der arme Mensch, der unter rund 60.000 Pazifik-Insulanern ausgewählt wurde, an diesem 11. April 2001 im Tor zu stehen, hieß Nicky Salapu. Er hätte auch ein zweiter Oliver Kahn sein können, man hätte es nicht gemerkt bei dieser Hintermannschaft. Doch Amerikanisch-Samoa zeigte sich lernfähig. Gegen die Fidschi-Inseln hieß es nur noch 0:13, gegen Samoa 0:8 und gegen Tonga, Achtung, nur 0:5. Das machte 57 Gegentore in vier Spielen, leider trotzdem ein neuer Rekord. Die Malediven hatten zwar in der Qualifikation für die WM 1998 noch mehr Gegentore erhalten, nämlich 59, aber dafür sechs Spiele benötigt. Für alle, die nicht dabeisein konnten, damals in Pago Pago und auf anderen pazifischen Fußballplätzen, sei hier die Abschlußtabelle der Ozeanien-Gruppe eins der WM-Qualifikation für 2002 für alle Zeiten festgehalten:

Platz	Team	Spiele	Punkte	Tore
1.	Australien	4	12	66: 0
2.	Fidschi-Inseln	4	9	27: 4
3.	Tonga	4	6	7:30
4.	Samoa	4	3	9:18
5.	Amerikanisch-Samoa	4	0	0:57

Berlin, Tasmania, wird wohl auf ewig die schlechteste aller Bundesligamannschaften bleiben. 1965 nur aus politischen Gründen und gegen jede sportliche Qualifikation in die höchste Liga aufgestiegen – Hertha BSC hatte wegen verbotener Handgeldzahlungen die Lizenz nicht erhalten, und im Kalten Krieg sollte unbedingt ein Berliner Klub in der höchsten deutschen Liga sein –, stellte Tasmania einige Rekorde auf, die bis heute unerreicht sind: 28 Niederlagen, 8:60 Punkte, 15 Tore, 108 Gegentore, 31 sieglose Spiele in Folge, acht Heimniederlagen hintereinander, 827 Zuschauer bei einem Bundesligaspiel. Nur die Minusmarke von zwei Saisonsiegen wurde später egalisiert, 1974/75 vom Wuppertaler SV. Außer den Pleiten-Bestmarken ist von der Tasmania nur der Spruch eines ihrer Verteidiger einigermaßen in Erinnerung geblieben: »Mein Name ist Finken, und du wirst gleich hinken«. Trotz diverser Versuche der Lokalrivalen Blau-Weiß 90 und Tennis Borussia, der Tasmania die rote Laterne der ewigen Bundesligatabelle abzujagen, war es ausgerechnet die große Hertha, die 25 Jahre später den alten Minusmarken am nächsten kam. Am Ende der Saison 1990/91 reichte es aber mit 14:54 Punkten, 37:84 Toren und drei Saisonsiegen nicht ganz für neue Negativrekorde. Dafür schaffte die Hertha etwas, was selbst der Tasmania nicht gelungen war: Sie stand an 33 von 34 Spieltagen am Tabellenende.

Brasilien wurde im Sommer 2001 von der heimischen Presse zur »dümmsten Fußballmannschaft der Welt« ausgerufen. Der Grund war die 0:2-Niederlage im Viertelfinale der »Copa America« gegen, jawohl, Honduras. Nicht daß die drei Niederlagen, die der viermalige Weltmeister im selben Jahr erlitten hatte, irgendwie weniger peinlich gewesen wären – gegen Ekuador, Japan und Australien verliert man schließlich auch nicht alle Tage. Doch die Schlappe gegen eine Bananenrepublik, von der in Bra-

silien niemand genau wußte, ob sie dort überhaupt Platz
für Fußballfelder haben, erschütterte das Land der einstigen Fußballzauberer bis ins Mark.

Bulgarien mußte sechs Weltmeisterschaften und 17
Spiele lang auf den ersten Sieg in einem WM-Spiel warten. Endlich klappte es beim 4:0 gegen Griechenland
1994 in den USA. Weil's so schön lief, schlugen sie gleich
noch den Vizeweltmeister Argentinien mit 2:0 und warfen
im Viertelfinale auch noch Weltmeister Deutschland mit
2:1 aus dem Turnier, dank des Kahlkopfballs von Yordan
Letschkow. Im Halbfinale gegen Italien (1:2) war dann
aber wieder Schluß, und im Spiel um Platz 3 gegen
Schweden (0:4) zeigte sich, daß die Bulgaren bereits an
einer neuen Negativserie zu arbeiten begonnen hatten.
Die setzten sie 1998 in gewohnter Manier fort (ein Remis,
zwei Niederlagen bei 1:7 Toren); für die WM 2002 qualifizierten sie sich sicherheitshalber überhaupt nicht. Auch
ein Weg, Blamagen zu vermeiden.
Hier die einmalige Mißerfolgsbilanz der Bulgaren bei
den WM-Turnieren von 1962-1994:

1962	0:1 gegen Argentinien; 1:6 gegen Ungarn; 0:0 gegen England
1966	0:2 gegen Brasilien; 0:3 gegen Portugal; 1:3 gegen Ungarn
1970	2:3 gegen Peru; 2:5 gegen Deutschland; 1:1 gegen Marokko
1974	1:1 gegen Schweden; 1:1 gegen Uruguay; 1:4 gegen die Niederlande
1986	1:1 gegen Italien; 1:1 gegen Südkorea; 0:2 gegen Argentinien
1994	0:3 gegen Nigeria; 4:0 gegen Griechenland (...)

Macht in 16 sieglosen Spielen 6 Unentschieden und 10
Niederlagen bei 12:38 Toren.

Chile hat eine bemerkenswerte Serie von 33 sieglosen-Spielen in seiner seit 1910 geführten Länderspielbilanz: Bis zum allerersten Erfolg dauerte es 16 Jahre. Er fiel dann allerdings gleich recht happig aus: 1926 wurde Bolivien bei der Copa América mit 7:1 besiegt.

Courage Colts, eine C-Jugend-Mannschaft aus der englischen Provinz Kent, ging 1976 in einem Spiel gegen den FC Midas 1:0 in Führung. So etwas hat vielen Teams schon zum Erfolg gereicht, aber hier nicht ganz, wie Graham Sharpe in »The Book of Bizarre Football« festhielt. Während die Colts eine Ladehemmung bekamen, geriet dem FC Midas sozusagen alles zu Gold. Das Spiel endete 1:59.

Deutschland hat die Fußballzwerge, wenn es wirklich galt, meist im Griff gehabt. Jedenfalls so lange, bis es am Ende selber auftrat wie einer. Mangels einer einzigen Niederlage in WM-Qualifikationen (die erste gab's erst 1985 gegen Portugal) stand das 0:0 gegen die Albaner 1967, das die Teilnahme an der Europameisterschaft kostete, lange Zeit als einziger mahnender Fingerzeig – ehe man sich im September 2001 in der WM-Qualifikation mit einem 1:5 gegen England (pardon, natürlich kein Fußballzwerg) in München vor aller Welt vorführen ließ. Und sich anschließend beim tristen 0:0 gegen Finnland mindestens ebenso blamierte.
Bevor sie begannen, sich in der Qualifikation zu blamieren, hatten deutsche Mannschaften sich vorzugsweise in WM-Vorrunden gegen nordafrikanische Teams peinlich schlecht angestellt: beim mühseligen 2:1 gegen Marokko 1970, dem 0:0 gegen Tunesien 1978, dem 1:2 gegen Alge-

rien 1982. Die größte Blamage der deutschen Länder-
spielgeschichte jedoch war weder das 0:3 gegen die USA
Anfang 2000 noch das 0:3 gegen Portugals B-Team bei der
EM 2000 oder das 1:5 gegen England 2001, sondern para-
doxerweise ein Sieg: Das 1:0 gegen Österreich bei der
WM 1982, der »Nichtangriffspakt von Gíjon« mit einem
Ergebnis, das beiden weiterhalf, nur nicht den ohnmächti-
gen Algeriern, bleibt unübertroffen in seiner Peinlichkeit.

Dietz, Bernard, verlor mehr Bundesligaspiele als jeder andere. Mit 221 Niederlagen in 495 Einsätzen für
Duisburg und Schalke liegt der Nationalverteidiger
knapp vor dem Frankfurter Karl-Heinz »Charly« Körbel
(220 in der Rekordzahl von 602 Spielen) und dem Bochumer Michael »Ata« Lameck (212 in 518).

Dortmund, Borussia, bleibt mit der 0:12-Niederlage
gegen Borussia Mönchengladbach am letzten Spieltag
der Saison 1977/78 ewiger Rekordhalter der Bundesliga
in der Rubrik »hinten offen«. Während die Gladbacher
durch die Torflut beinahe noch den 1. FC Köln abgefan-
gen und die Meisterschaft gewonnen hätten, kostete die
Dutzend-Packung einen gewissen Otto Rehhagel seinen
Job als Trainer; Torwart Endrulat wurde zu Tennis Borussia Berlin abgeschoben. Dabei hätte man gewarnt sein
müssen, konnte man beim Aufeinandertreffen der beiden
Borussias doch beinahe so etwas erwarten. Denn an allen
zweistelligen Resultaten der Bundesligageschichte,
sechs an der Zahl, war eine Borussia beteiligt: die Dortmunder beim 1:11 bei den Bayern 1971 und beim 11:1 gegen Arminia Bielefeld 1982; die Gladbacher beim 11:0 ge-

Minusserien und Rekordklatschen

gen Schalke, dem 10:0 gegen Neunkirchen (beides 1967) und dem 10:0 gegen Braunschweig 1984.

England ließ sich nach dem Zweiten Weltkrieg endlich zum internationalen Vergleich herab, den man als »Lehrmeister« des Spiels zuvor nie für nötig erachtet hatte. 1950 nahm in Brasilien erstmals ein englisches Team an einer Weltmeisterschaft teil. Am 29. Juni traf man in Rio de Janeiro auf die USA, von denen bis dahin kaum jemand wußte, daß dort Fußball gespielt wurde. Dann kam der schwarze haitianische Mittelstürmer Larry Gaetjens, der für die Amerikaner spielte, und traf zum 1:0. Dabei blieb es. Das Empire lag in Trümmern. Aber es kam noch schlimmer. Zwei Jahre später verlor die englische Auswahl bei den Olympischen Spielen 1952 mit 3:5 nach Verlängerung – gegen Luxemburg! Und 1993 deutete sich eine Blamage an, die noch alles andere in den Schatten gestellt hätte: Da ging San Marino, das schlechteste Team Europas, nach acht Sekunden im WM-Qualifikationsspiel gegen England in Führung und stellte einen Weltrekord für das schnellste Länderspieltor auf. Doch diesmal konnte das Königreich das Schlimmste abwenden. England gewann 7:1. Zur WM-Qualifikation reichte es dann trotzdem nicht. Dazu mußten erst Italien und Deutschland als Gegner kommen.

Frankfurt, Eintracht, spielte im Herbst 1993 unter Trainer Klaus Toppmöller schon den »Fußball 2000«. Man startete mit 20:2 Punkten und stand nach 15 Spieltagen mit 24:6 Punkten vorzeitig als »Herbstmeister« fest. Im folgenden Mai aber hatte die »Diva vom Main« wieder einmal keinen offiziellen Titel gewonnen, nur den inoffiziellen und höchst peinlichen des schlechtesten Herbstmeisters der Bundesligageschichte. Schließlich werden rund zwei Drittel der Teams, die zur Saison-Halbzeit vorne stehen, am Ende Meister. Die Eintracht wurde nur Fünfter, so schlecht hat außer ihr kein Herbstmeister abgeschnitten. (Ein Jahr später kam noch eine Rekord-Fehlleistung dazu, als sie als erste deutsche Mannschaft im Europapokal an einer österreichischen scheiterte, an Casino Salzburg im UEFA-Cup.) Man kann es aber, wie immer, auch von der positiven Seite sehen: den »Fußball 2000« als Polster gegen den Abstieg. Denn die 14:24 Punkte, die Frankfurt in den letzten 19 Saisonspielen holte, wären sonst eine Fahrkarte in die Zweite Liga gewesen. Die lösten sie dann erst zwei Jahre später.

Frankfurt, FSV, hält nicht nur den Rekord als schlechtester Zweitligist aller Zeiten (12:56 Punkte, 39:103 Tore in der Saison 1994/95), sondern auch den Song mit dem »ungeheuerlichsten Text, der jemals für einen Verein verfaßt wurde« (Christoph Biermann). Der Refrain:

»FSV, FSV in schwarz-blau, in schwarz-blau.
Wir schaun niemals nach unten.
Schon Platz zwei ist uninteressant.
Dritte, Zweite, Erste Liga,
Champions League, Europa-Cup
und was kommt dann?
FSV, FSV in schwarz-blau, in schwarz-blau.
Wir schaun niemals nach unten.
Nach unten schaun ist schwach.
Oben gibt's doch viel mehr zu sehen.
Mailand, Barcelona sind nun mal nicht Egelsbach.«

Holland hat sich in sanfter Selbstzerfleischung daran gewöhnt, immer dann, wenn es große Mannschaften aufzubieten hatte, knapp vor dem verdienten Weltmeistertitel unglücklich zu scheitern: 1974 im Endspiel gegen Deutschland, 1978 gegen Argentinien, 1990 in Italien am späteren Weltmeister Deutschland, 1994 in den USA am späteren Weltmeister Brasilien, und 1998 abermals an den Brasilianern, in einem dramatischen Halbfinale mit Elfmeterschießen in Frankreich. Dabei haben die Niederländer vielleicht vergessen, daß man bei aller Kombinationskunst erst einmal die Hausaufgaben erledigen muß, zum Beispiel Elfmeter verwandeln (einer hätte schon gereicht im EM-Halbfinale 2000 gegen Italien) oder WM-Qualifikationsspiele gewinnen. Gegen die Iren, die nicht spielten wie Künstler, aber wie Männer, traten die Schönspieler um Kluivert & Co. im September 2001 in Dublin mit der Durchschlagskraft eines Ballett-Ensembles auf und bezogen eine 0:1-Niederlage, die sie endgültig die WM-Teilnahme in Japan und Korea kostete. Trainer Louis van Gaal saß mit demselben hochroten Kopf auf der Bank wie zuvor beim FC Barcelona, wo er mit seiner gesammelten Holland-Legion (zeitweise lief der Vorzeigeverein der katalanischen Nation mit neun Niederländern auf) ebenfalls grandios gescheitert war.

Italien bewarf seine besten Kicker bei der Heimkehr von der Weltmeisterschaft 1966 in England mit Tomaten und faulen Eiern. Das 0:1 gegen die Steinzeit-Kommunisten aus Nordkorea durch das Tor des Zahnarztes Pak bleibt eine der größten Peinlichkeiten der Fußballweltgeschichte. Acht Jahre später reisten die Italiener als Vizeweltmeister mit ihrer Betonabwehr und ihrem Torwart

Dino Zoff nach mehr als 1000 Spielminuten ohne Gegentor zur WM in Deutschland. Dann kam ein Bursche aus der Karibik namens Emanuel Sanon, scherte sich nicht um diesen Weltrekord und brachte Haiti in der WM-Vorrunde in München mit 1:0 in Führung. Die Italiener gewannen noch 3:1, doch sie scheiterten wieder in der Vorrunde – am Ende kostete sie im Vergleich mit den zweitplazierten Argentiniern das Tor von Sanon das Weiterkommen.

Kaiserslautern, 1. FC, kam in der Saison 1995/96 auf die Rekordzahl von 18 Unentschieden – und stieg aufgrund der Dreipunkteregel ab. Nach der alten Zweipunkteregel hätte die Remis-Serie deutlich zum Klassenverbleib gereicht. Das Beispiel belegt im übrigen, was viele bereits bei der Regeländerung geahnt hatten: Die Zahl der Unentschieden hat sich nach deren relativer Schlechterstellung um keinen Deut verringert.

Karlsruher SC und **Bayer Uerdingen** sind Deutsche Meister im Fahrstuhlfahren: Beide schafften es, fünfmal aus der Bundesliga abzusteigen – Rekord.

Lebrun, Albert, wurde mit einer einzigen Aktion zum unsterblichen Beispiel für alle peinlichen Politiker, die sich aus verlogener Volksnähe in die Fußballstadien verirren. Der französische Präsident sollte zum Auftakt der Weltmeisterschaft 1938 in Paris den ersten Anstoß ausführen – und trat in den Rasen.

Luxemburg ist nicht gerade eine Größe des internationalen Fußballs, obwohl man 1939 Deutschland 2:1 schlug und bei den Olympischen Spielen 1952 England mit einem 5:3 nach Verlängerung ausschaltete. Doch die Minusserie der Luxemburger ist auch unter Fußballzwergen weltweit ohne Beispiel. Sie begann 1980 nach einem 3:2 gegen Südkorea mit 32 Niederlagen in Folge (9:96 Tore) und endete 1995 mit einem 1:0 auf Malta. Gesamtbilanz der 15 Jahre: 78 Spiele ohne Sieg, 26:242 Tore. Nationaltrainer Paul Philipp hatte dennoch den wohl beneidenswertesten Job im europäischen Fußball. Er konnte 17 Jahre in Ruhe arbeiten, länger als jeder Kollege, ehe der Verband im Oktober 2001 beschloß, einmal einen anderen ranzulassen, um aus Luxemburg eine Fußballmacht zu machen: den Dänen Allan Simonsen.

München, Bayern, hat mit dem Sieg im Champions-League-Endspiel 2001 gegen den FC Valencia nicht nur den Geist von Barcelona 1999 verscheucht, sondern auch eine böse Exklusiv-Serie beendet. Denn dreißig Jahre lang, von 1970 bis 2000, hatte nur eine Mannschaft in einem Landesmeister-Finale nach einer Führung noch verloren: eben die Bayern, und das gleich zweimal: 1987 beim 1:2 gegen den FC Porto und 1999 beim 1:2 gegen Manchester United.
Nun sind sie nicht mehr allein in dieser Negativ-Kategorie. Sie teilen sie mit dem FC Valencia, der das Endspiel gegen die Bayern nach 1:0-Führung im Elfmeterschießen verlor. Zugleich zeigten sie, daß sie an einer ganz besonderen Tradition hängen: Ihre großen internationalen Erfolge erzielen sie immer dann, wenn sie sich daheim in der Liga ganz besonders schön blamieren. Mit neun

Niederlagen wie 2000/2001 jedenfalls war zuvor noch keiner deutscher Meister geworden; schon gar nicht mit Niederlagen gegen Mannschaften wie Cottbus und Unterhaching. Wie gesagt, eine schöne Tradition: Dem ersten Europapokalsieg der Landesmeister 1974 ging die unvergeßliche 4:7-Niederlage (nach 4:1-Führung) in Kaiserslautern voraus; der zweite Europapokalsieg 1975 ging mit Platz zehn in der Liga, 63 Gegentoren und vierzehn Niederlagen einher, darunter ein 5:6 in Düsseldorf, ein 2:5 gegen Kaiserslautern, ein 2:3 und ein 0:6 gegen Offenbach. In der Saison 1975/76 (dritter Europapokalgewinn) unterhielten die Bayern ihr schadenfrohes Publikum vor allem beim 0:6 in Frankfurt. Und eine Saison später, als Sepp Maier 65 Tore kassierte, gelang noch eine Steigerung, mit Ergebnissen, die man sich noch heute auf der Zunge zergehen lassen kann: 0:7 zu Hause gegen Schalke, 0:3 zu Hause gegen Frankfurt, 0:5 in Hamburg, 2:5 in Duisburg, 1:6 in Saarbrücken. Allerdings war da auch die Europapokalserie zu Ende: Die Bayern schieden in Bekkenbauers letztem Jahr nach drei Landesmeistertiteln in Folge gegen Dynamo Kiew aus.

Nürnberg, 1. FC, schaffte es in der Saison 1983/84, die Fehlleistung des großen Rivalen Bayern München noch zu unterbieten, der 1977/78 (im Jahr 1 nach Beckenbauer) kein einziges Auswärtsspiel gewonnen und Platz zwölf belegt hatte. Die Nürnberger blieben als einzige Mannschaft der Bundesligageschichte eine ganze Spielzeit lang ohne Auswärtspunkt. Bei 0:34 Punkten hätten sie mit einiger Voraussicht eine Menge Reisekosten sparen und für die Zweite Liga beiseite legen können. Als abgeschlagener Letzter stieg der »Club« ab.

Österreich schaffte es gleich zweimal in den 90er Jahren, sich zum Gespött der Fußballwelt zu machen. Erst mit dem nordisch-herben 0:1 gegen die Färöer-Inseln in der WM-Qualifikation 1990. Dann mit dem zartbitteren 0:9 in der EM-Qualifikation 1999 gegen Spanien. Es kostete Herbert »Schneckerl« Prohaska, den bekanntesten Vertreter der österreichischen Kombination von Spielkunst und Bewegungsökonomie, nach sechs Jahren den Job als Nationaltrainer.

Sein Nachfolger Otto »Maximal« Baric setzte die Reihe der maximalen Blamagen im neuen Jahrtausend nahtlos fort: In den Relegationsspielen zur WM-Qualifikation für 2002 schien es dabei im November 2001 zunächst, als sollte die 0:1-Heimniederlage gegen die seit 1954 WM-abstinenten Türken den Platz als drittgrößte Blamage der Österreicher in der Neuzeit einnehmen. Von diesem Ehrenrang wurde sie aber nur 4 Tage später, am 14. November 2001, schon wieder verdrängt, denn im Rückspiel ließen die Ösis sich von den notorisch schußschwachen Türken mit sage und schreibe 0:5 abfertigen.

Rom, Lazio, schaffte im Jahr 2000 endlich den ersehnten italienischen Meistertitel (den zweiten nach 1974) und träumte davon, auch international endlich aus dem Schatten von Juventus, Milan und Inter zu treten. Doch die Zeiten, als die Meisterschaft der Serie A auch den Beweis europäischer Spitzenklasse bedeutete, waren vorbei, wie Lazio tatkräftig bewies. In den Jahren 2000 und 2001 gab es in der Champions League Niederlagen (zum Teil gleich zwei Stück) gegen zehn europäische Klubs: Arsenal, Leeds, Real Madrid, Valencia, Feyenoord Rotterdam, PSV Eindhoven, Galatasaray Istanbul, FC Nantes, RSC Anderlecht und, jawohl, den FC Kopenhagen. So viel Prügel in der europäischen Auseinandersetzung haben Römer seit Asterix nicht mehr bezogen.

Saarbrücken, 1. FC, fand sich mit Trainer Peter Neururer nach 25 Spieltagen der Erstligasaison 1992/93 überraschend auf Platz zwölf wieder, mit 23:27 Punkten und 35:40 Toren. Das war Anfang April. Bis der Aufsteiger sein nächstes Tor erzielte, es war das 1:4 von Eric Wynalda gegen Stuttgart, schrieb man den 29. Mai. Da hatten sie 27 Tore in Folge kassiert, keinen einzigen Punkt mehr gewonnen und sich vorzeitig als Absteiger qualifiziert. Die Saarbrücker Serie von 964 Spielminuten ohne Treffer ist bis heute Bundesligarekord.

Schön, Helmut, war neben Sepp Herberger der erfolgreichste Trainer der deutschen Nationalmannschaft – und mußte doch als Trainer die politisch bitterste Niederlage quittieren, die die DFB-Elf jemals einsteckte. Am 22. Juni 1974 um 21.03 Uhr traf Jürgen Sparwasser die westdeutsche Halbnation und den gebürtigen Dresdner Schön mitten ins Herz, als er mit seinem Tor den 1:0-Sieg der DDR im einzigen deutsch-deutschen Länderspiel besiegelte. Sportlich gesehen erwies sich die DFB-Niederlage als segensreich, denn die DDR als Gruppensieger traf in der zweiten Finalrunde – chancenlos – auf die WM-Favoriten Brasilien, Argentinien und Niederlande, während Helmut Schön gegen Schweden, Jugoslawien und Polen erfolgreich an der siegbringenden Final-Aufstellung feilen konnte.

Schottland gelang das Kunststück, bei keinem der 10 Turniere, für das sie sich qualifizierten, die Vorrunde zu überstehen. Bei den Weltmeisterschaften 1954, 1958, 1974, 1978, 1982, 1986, 1990 und 1998 (insgesamt 4 Siege in 23 Spielen) sowie bei den Europameisterschaften 1992 und 1996 war jeweils nach drei Spielen (1954: zwei) Schluß. Sprichwörtlich ist allerdings das Pech, das die wackeren Schotten beim knappen Ausscheiden oft hatten: 1974 scheiterten sie punktgleich mit Jugoslawien und dem amtierenden Weltmeister Brasilien (demgegenüber ihnen ein einziges Tor fehlte); 1978 fehlten bei Punktgleichheit mit dem späteren Vizeweltmeister Niederlande drei Tore; 1982 bei Punktgleichheit mit der Sowjetunion zwei Tore, und bei der EM 1996 führte England gegen Holland eine Viertelstunde mit 4:0, womit Schottland weiter gewesen wäre, aber mit Kluiverts Tor in der 78. Minute schaffte es dann doch Holland. Und immer kämpften die Schotten mit britischem Sportsgeist bis zuletzt: Bei der EM 1992 brachte nur ein Sieg der bereits chancenlosen Schotten gegen die GUS (wie Rußland zwischendurch mal kurz hieß) die Deutschen noch ins Halbfinale.

Sowjetunion, 1991 zurückgetretene Fußballmacht, kam in einem einzigen Spiel auf die für internationale Begegnungen rekordverdächtige Bilanz von 27 Ecken und 68 Torschüssen. Das war bei den Olympischen Spielen 1956, als der spätere Olympiasieger auf den Fußballzwerg Indonesien traf. Die Partie endete übrigens 0:0.

Steyr, Vorwärts, ist für Österreich, was für Deutschland Tasmania Berlin war. Der Klub stieg 1996 nach 42

Saisonspielen ohne einen einzigen Sieg mit sechs Punkten und 42:93 Toren aus der ersten Liga ab.

Valkeakoski, Haka, finnischer Klub mit 2850 Zuschauerplätzen, schaffte in der zweiten Hälfte der 90er Jahre folgende originelle Serie: Meister (1995), Absteiger (1996), Aufsteiger (1997), Meister (1998, 1999, 2000), UEFA-Pokal-Erstrundenverlierer gegen den Zweitliga-Aufsteiger Union Berlin (2001).

2. Nieten nieten Nieten um
Grätschen, Schläge, Platzverweise

1860 München beschäftigte einen unbekannten Jugendspieler, der sich in den 50er Jahren die wohl folgenschwerste und mithin dämlichste Tätlichkeit aller Zeiten leistete: Er ohrfeigte einen gegnerischen Spieler vom SC München, der darob so beleidigt war, daß er seinen ursprünglichen Herzenswunsch, selbst einmal bei den Löwen zu spielen, zugunsten des FC Bayern aufgab. Der Geohrfeigte hieß Franz Beckenbauer.

Angola zeigte am selben Abend, an dem Deutschland sich im Nachsitzen gegen die Ukraine das WM-Ticket für 2002 sicherte, den bereits qualifizierten Portugiesen, daß der wahre Horror nicht Relegation heißt, sondern Freundschaftsspiel. Gegen ihre früheren Kolonialherren interpretierten die Afrikaner Fußball als fortgesetzte Körperverletzung. Nach 28 Minuten waren schon drei Angolaner vom Platz geflogen, den ihre aufgebrachten Anhänger zu stürmen drohten. Nach 67 Minuten ließ sich Helver Vicente mit einer schlecht vorgetäuschten Verletzung vom Platz tragen, und die Partie mußte nach vier Roten Karten und acht Auswechslungen abgebrochen werden, weil nur noch sechs Angolaner auf dem Platz standen.

Bassford, Neil, war eigentlich nur als Linienrichter vorgesehen, doch dann beschloß er, beim englischen Amateurspiel Birstall United gegen Ratby Sports in der Region Leicester 1997 kräftig mitzumischen. Als sich eine Schlägerei zwischen beiden Teams entwickelte, vermöbelte Bassford zwei Spieler von Ratby mit seiner Linienrichterfahne. Er bekam eine Gefängnisstrafe von zwei Monaten auf Bewährung.

Batty, David, und **Graeme Le Saux** lieferten sich im November 1995 eine Schlägerei auf dem Spielfeld, was an sich nichts Ungewöhnliches ist unter englischen Profis – allerdings taten sie das im Trikot derselben Mannschaft. Nach nur vier Minuten des Champions-League-Spiels der Blackburn Rovers bei Spartak Moskau fielen die beiden Teamkollegen bei zehn Grad minus zur Überraschung der Zuschauer und des Schiedsrichters übereinander her. Erst drei Teamkameraden konnten die Faustkämpfer trennen. Am Ende stand es 0:3, und Blackburn scheiterte als der bis heute schwächste englische Meister seit Einführung der Champions League.

Berthold, Thomas, hat es als einziger deutscher Fußballer geschafft, in zwei Länderspielen vom Platz zu fliegen: 1986 bei der WM in Mexiko, 1991 in Wales. Die erste rote Karte, im Viertelfinale 1986 gegen die Gastgeber, sei ein Irrtum gewesen, weil er nach einem Kahnbeinbruch eine Manschette trug: »Ich hatte gefoult, ganz normal. Ich will mich abstützen mit der gesunden linken Hand, reiße den rechten Arm mit der Gipsmanschette hoch, um nicht darauf zu stürzen. Ich treffe meinen mexikanischen Gegenspieler im Gesicht. Ein Versehen, wirklich.«

Cantona, Eric, löste mit einem Fußtritt zum Kopf von Matthew Simmons am 25. Januar 1995 einen der größten Skandale des internationalen Fußballs aus – weil es sich bei Simmons nämlich nicht um einen Gegenspieler, sondern um einen Zuschauer handelte. Der Franzose hatte nach seinem fünften Platzverweis in 16 Monaten auf dem Weg zur Kabine einen Hooligan, der ihn beschimpfte, in Karate-Manier attackiert und verletzt (die sogenannte Crystal-Palace-Affäre). Cantona erhielt Strafen von Manchester United, dem englischen, dem französischen Verband und einem englischen Gericht; er kassierte die längste Sperre in der Geschichte des britischen Fußballs. Trotzdem blieb er eine »Kultfigur«, beliebt bei Fans und Werbern. Zur Fußball-EM 1996 in England schaltete *Nike* provozierende Werbespots mit Eric Cantona (»Ich habe hart gearbeitet, den englischen Fußball besser zu machen – nun muß er zerstört werden.«), und vor der WM 1998 inszenierten die Spots ein Fußballspiel als grimmigen Straßenkampf, an dessen Ende Cantona einem Monstertorwart den Ball durch den Bauch schießt.

Ferguson, Duncan, mußte als erster europäischer Fußballprofi für ein Foul ins Gefängnis. Der Stürmer der Glasgow Rangers hatte 1994 seinen Gegenspieler John McStay von den Raith Rovers mit einem brutalen Kopfstoß niedergestreckt. Wegen Körperverletzung wurde Ferguson zu einer Haftstrafe verurteilt und verbrachte 44 Tage hinter Gittern.

Geyer, Eduard, späterer Trainer der DDR-Auswahl (und noch später des Bundesliga-Aufsteigers Energie Cottbus), hält den Rekord des schnellsten Platzverweises für einen deutschen Spieler in einem Europapokalspiel. Beim 2:1-Sieg von Dynamo Dresden gegen Leeds United

im November 1970 wurde Geyer in der 76. Minute eingewechselt und in der 84. vom Platz gestellt.

Goikoetxea, Andoni, der »Schlächter von Bilbao«,
darf als einer der größten und brutalsten Körperverletzer
der Fußballgeschichte gelten. Seine herausragenden
Schandtaten waren die Fouls gegen Bernd Schuster 1982
und Diego Maradona 1983 (beide FC Barcelona), denen
er jeweils das Knie zertrümmerte. Der Baske, dessen
rücksichtsloser Einsatz Athletic Bilbao 1983 und 1984 zu
zwei Meistertiteln verhalf, trug auch zum endgültigen Ab-
schied Maradonas aus Spanien bei: Nach dem gewonnenen Pokalfinale gegen Barcelona 1984 (1:0) geriet er vor
den Augen des Königs in eine Rauferei mit dem Argentinier, die in eine Massenschlägerei mündete. Obwohl Maradona schwor, nicht angefangen zu haben («Er ist zwei
Köpfe größer, ich bin doch nicht verrückt«), wurde er aus
Barcelona verstoßen. Goikoetxea aber wurde später zunächst Assistenztrainer der spanischen Nationalmannschaft und dann Vereinscoach. Im September 2001 wurde
er allerdings nach einer Amtszeit von wenigen Wochen
bei Rayo Vallecano entlassen – nicht wegen Schlächterei,
sondern schlicht wegen schlechter Ergebnisse.

Jakobs, Ditmar, legte 1986 den Begriff »Freundschaftsspiel« recht eigenwillig aus: In einer bedeutungs-
losen Partie gegen die Schweiz grätschte er dem helveti-
schen Spielmacher Perret im Mittelkreis (!) mit gestreck-
tem Bein so in die Parade, daß dessen Schien- und
Wadenbein brach.

Grätschen, Schläge, Platzverweise

Jones, Vinnie, der grimmigste Treter der jüngeren englischen Fußballgeschichte, brauchte für seine schnellste Gelbe Karte, 1991 mit Sheffield United im Spiel bei Manchester City, nur vier Sekunden. Ein Jahr später, diesmal mit Chelsea gegen Sheffield, schaffte er es in fünf Sekunden. Weltberühmt wurde er durch das Foto, auf dem er, nun als Kapitän des FC Wimbledon, die Familienplanung seines Gegenspielers Paul Gascoigne einem zupackenden Test unterzieht. Nach einem Foul von Kenny Dalglish sagte er dem Schotten die netten Worte: »Mach das noch mal, dann reiß ich dir das Ohr ab und spucke in das Loch.« Ruud Gullit beschrieb er so: »Eine quiekende, geldgeile Kakerlake.« Jones, genannt Vinnie die Axt, zwölfmal vom Platz gestellt, profilierte sich auch als Nasenbeißer gegen einen Reporter und als erfolgreicher Video-Star («Meine schönsten Fouls«). 1998 spielte er in seinem ersten Kinofilm mit, einer Gaunerkomödie aus dem Londoner East End. Als kleinere Hollywood-Größe wurde er fortan sogar zu Partys mit Madonna eingeladen und konnte, nicht mal Mitte dreißig, schon seine zweite Autobiografie schreiben.

Juskowiak, Erich, brachte mit einem einzigen Fehltritt, dem Revanchefoul gegen den Schweden Hamrin im atmosphärisch aufgepeitschten WM-Halbfinale 1958, seine Karriere auf die schiefe Bahn. Das dezimierte deutsche Team verlor 1:3 – und Trainer Herberger verzieh Juskowiak den Platzverweis nie. Die Karriere des Verteidigers, der im Krieg einen Kopfsteckschuß erlitten hatte, knickte abrupt ab, er war mit den Nerven am Ende, stritt sich mit Zuschauern, wurde von Fortuna Düsseldorf vereinsintern gesperrt und mußte sein Tabakwaren-Geschäft aufgeben, als er 1962 wegen »versuchter Unzucht mit Kindern« vor Gericht stand, obwohl er mit 600 DM Geldstrafe wegen Erregung öffentlichen Ärgernisses davonkam. Zwei Jahre später wurde der frühere Kapitän der deutschen Fußballnationalmannschaft zu sechs Monaten Gefängnis auf Bewährung verurteilt, nach »unzüchtigen Handlungen an sich selbst« in einem Auto in Gegenwart zweier Kinder. Juskowiak starb, ein Ausgestoßener der Fußballgesellschaft, mit 56 Jahren in seinem Auto an einem Herzinfarkt.

Martin, Enrique, verhinderte im November 1999 als letzter Mann mit einem Foul einen Gegentreffer für sein Team Leganes aus der dritten spanischen Liga. Daß er dafür vom Platz gestellt werden mußte, nahm Martin in Kauf – schließlich hatte er darauf sowieso nichts zu suchen: er war schließlich nur der Trainer. Als der gegnerische Stürmer Sabino Santos vom Klub Badajoz aufs leere Tor zustrebte, entschloß sich Martin zu der ungewöhnlichen Notbremse auf dem Off. Das brachte ihm zehn Spiele Sperre ein. Er verteidigte sich etwas plump: Er habe geglaubt, Santos stehe abseits.

Poletti, Alberto, markierte 1969 den brutalen Tiefpunkt der blutigen Weltcup-Schlachten der 60er Jahre zwischen den Champions Europas und Südamerikas: Der Torwart von Estudiantes Buenos Aires trat den verletzt am Boden liegenden Piero Prati vom AC Mailand in den Rücken. Außerdem gingen damals mehrere italienische Nasenbeine unter den Attacken der hemmungslosen Argentinier zu Bruch. Der argentinische Staatspräsident Ongania, der das Spiel im Fernsehen sah, ordnete 30 Tage

Haft für Poletti und dessen nach dem Spiel geflohenen Schlägerkumpanen Suarez an. Poletti wurde vom argentinischen Fußballverband auf Lebenszeit gesperrt.

Richard hieß ein nicht näher benannter Amateurfußballer aus der Gegend um Bristol, den der englische Journalist Danny Baker in einer *Times*-Kolumne 1998 als Opfer der »strengsten Schiedsrichterentscheidung aller Zeiten« verewigte. Richard hatte demzufolge nach einem Arbeitsunfall nur noch einen Arm. Bei einem Fußballspiel streifte der Ball den leeren, herunterhängenden Ärmel, und der Schiedsrichter gab allen Ernstes Elfmeter wegen Handspiels. »Nach einigen Minuten erregter Proteste«, so Baker, »holt der bestrafte Spieler mit seinem verbliebenen Arm aus, haut dem Schiedsrichter eine runter und wird vom Platz gestellt.«

Schumacher, Harald, genannt Toni, übertrieb seine Lieblingsrolle als Rambo zwischen den Pfosten bei der WM 1982 in einer Weise, daß das Bild vom »häßlichen Deutschen« für eine Zeitlang wiederauferstand, als Kotzbrocken mit Kaugummi und Minipli. Den Franzosen Patrick Battiston rammte er im Halbfinale auf eine Weise weg, daß dem wehrlosen Angreifer ein Halswirbel brach und mehrere Zähne ausgeschlagen wurden. Während andere sich um den ohnmächtigen Battiston kümmerten, stand Schumacher betont teilnahmslos herum. Später dafür kritisiert, bot er großzügigerweise an, »ihm die Jacketkronen zu bezahlen«.

Siegmann, Norbert, schlitzte mit einem Grätsch-Schritt 1981 den Oberschenkel des Bielefelder Stürmers Ewald Lienen auf 25 Zentimeter Länge auf. »Ich spiele schon seit zehn Jahren so und kann es eben nicht wie Beckenbauer«, entschuldigte sich der Bremer Verteidiger nach dem spektakulärsten Foul der Bundesliga-Geschichte. Lienen warf Trainer Otto Rehhagel vor, für die Verletzung verantwortlich zu sein. Beim Rückspiel in Bielefeld im Januar 1982 trug Rehhagel nach Morddrohungen eine kugelsichere Weste.

Stoitschkow, Hristo, einer der unberechenbarsten Spieler der 90er Jahre, konnte den Gegenspieler so kunstvoll treten wie den Ball. In fünf Jahren für den FC Barcelona (1990 bis 1995) kam der Bulgare auf 104 Tore und elf Rote Karten. Einer der Platzverweise war ein Novum: der erste, der ausgesprochen wurde, weil ein Spieler dem Schiedsrichter absichtlich auf den Fuß trat.

Sylvester, Melvin, gelang vermutlich die originellste Hinausstellung wegen Tätlichkeit. 1997 wurde der 42jährige englische Amateurschiedsrichter, im Hauptberuf Schulhausmeister, beim Spiel zwischen zwei Armeemannschaften von hinten geschubst. Er drehte sich um, langte dem Schuldigen eine, wiederholte das aus pädagogischen Gründen – und gab sich dafür selbst die Rote Karte. Ein Zuschauer ersetzte ihn, es gab sechs Wochen Sperre und 20 Pfund Strafe. »Wenigstens«, sagte Sylvester zu seiner Verteidigung, »habe ich mich nicht so gehen lassen wie der südafrikanische Schiedsrichter, der einen Spieler erschoß.«

Sziedat, Michael, ist der einzige, der in einer Bundesligasaison zweimal gegen denselben Gegner vom Platz gestellt wurde. Der Spieler von Eintracht Frankfurt sah in beiden Hessen-Derbys gegen Kickers Offenbach in der Spielzeit 1983/84 die Rote Karte.

Toros Neza nannte sich ein mexikanischer Klub, den die jamaikanische Nationalmannschaft sich 1997 für ein Vorbereitungsspiel vor der WM-Qualifikation gegen Mexiko ausgesucht hatte. Das »Freundschaftsspiel« entwickelte sich in eine etwas ungewöhnliche Richtung, als ein Mexikaner einen Jamaikaner mit einem brutalen Tackling fällte. Im Nu war eine Massenschlägerei im Gange, an der alle Spieler und Betreuer beider Teams beteiligt waren. Das englische Fachblatt *FourFourTwo* kürte sie zur »größten Fußballschlägerei des 20. Jahrhunderts«. Als der Schiedsrichter sah, daß man zu einer anderen Sportart übergegangen war, überließ er das Feld den Spielern, und die nutzten ihre neuen kreativen Freiräume. So brachten die Jamaikaner Holzbalken und Ziegel, die sie im Stadion fanden, ins Spiel. Ihr Trainer entschuldigte sich später, seinem Team fehle »internationale Erfahrung«. Die konnten sie sich später holen: Jamaika qualifizierte sich nach erfolgreich überstandener Keilerei für die WM 1998 in Frankreich.

3. NIETEN AM TRESEN
Schlucker, Spucker, Stinkefinger

Adams, Tony, späterer Kapitän von Arsenal London und der englischen Nationalmannschaft, verbrachte 1990 vier Monate im Gefängnis wegen Alkohols am Steuer. Nach einer erfolgreichen Entziehungskur beschrieb er seine frühere Alkoholkrankheit in seinem Buch »Addicted« (»Süchtig«).

Ahlenfelder, Wolf-Dieter, pfiff in seinem sechsten Bundesligaspiel 1975 in offenbar angesäuseltem Zustand die ersten Halbzeit nach der Rekordzeit von 36 Minuten ab. Zum Mittagessen hatte er nach eigenem Attest »ein Bier und einen Korn« getrunken. Er verteidigte sich später für seine Flüssigkeitswahl: »Wir sind Männer und trinken keine Fanta.« Warum auch, schließlich warben in jener Zeit die Pioniere der deutschen Trikotwerbung mit breiter Brust für Hochprozentiges: Eintracht Braunschweig lief mit Jägermeister auf, der Hamburger SV mit Campari.

Chirnogeni heißt eine sonst nicht weiter auffällige Mannschaft aus der dritten rumänischen Liga, die nur einmal, bei einem Play-off-Spiel 1993, ganz originell von sich reden machte. Das Spiel mußte beim Stand von 0:21 abgebrochen werden, weil Chirnogeni nur noch sechs Spieler auf dem Platz hatte. Die anderen hatten nicht etwa die Rote Karte gesehen. Nein, alle außer den sechs Standhaftesten, auch die Reservespieler, konnten nicht mehr laufen, weil sie von der Hochzeitsfeier eines

Mannschaftskameraden am Vorabend noch volltrunken waren.

Cowan, Jamie, war der erste Fußballer, dessen internationale Karriere vom Alkohol beendet wurde. Beim traditionellen Aufeinandertreffen Schottland gegen England interpretierte der Schotte den Begriff Fußballrausch auf ganz handfeste Weise. Er zeigte bei Tacklings und Dribblings eine Schwankungsbreite, die seine Landsleute nur mit einer schlecht getimeten Leidenschaft für heimischen Whisky erklären konnten. Auswechseln ging nicht, so torkelte Cowan bis zum Abpfiff der 1:3-Niederlage über den Platz. Eine offizielle Untersuchung des schottischen Verbandes verlief ohne Resultat, doch Cowan wurde nie mehr für ein Länderspiel aufgestellt. Das war 1898.

D'Ercoli, Fernando, italienischer Fußballamateur, zeigte 1990 eine der gravierendsten Geschmacksverirrungen des Weltfußballs. Als ihm der Schiedsrichter die Rote Karte entgegenhielt, entriß er sie ihm und aß sie auf.

Effenberg, Stefan, mit sechs Platzverweisen Bundesliga-Rekordhalter, vergaß nach dem blamablen 3:2-Sieg über Südkorea bei der WM 1994 in den USA, was das einzige ist, mit dem Fußballer nie durchkommen: die Beleidigung des Publikums. Dafür, daß er den pfeifenden deutschen Fans in Dallas den Stinkefinger zeigt, wurde er als dritter Deutscher bei einer Weltmeisterschaft aus dem Kader geworfen (nach Siggi Haringer 1934, weil er auf dem Bahnsteig eine Apfelsine aß, für Reichstrainer

Nerz eine grobe Disziplinlosigkeit, und nach Uli Stein, der 1986 behauptete, Adidas und nicht der »Suppen-Kaspar« Beckenbauer habe seinen Konkurrenten Schumacher ins Tor gestellt). Einen Beckenbauer hätte natürlich nie jemand aus dem Team werfen können, aber nicht mal ihm ließ man Verächtlichkeiten gegen Fans einfach durchgehen. Für seine Mäneken-Pis-Pose vor dem Hannoveraner Publikum bekam er 1968 tausend Mark Geldbuße vom DFB-Sportgericht wegen unsportlichen Betragens, für seine wegwerfende Geste nach Pfiffen des Publikums bei der WM 1974 mußte er sich öffentlich entschuldigen.

Gascoigne, Paul, machte trotz genialer Anlagen am Ende eher eine Karriere als Trinker denn als Spieler. Ehe er 1998 wegen seiner alkoholischen Hobbies aus dem englischen WM-Kader flog, hatte er einmal mit glühenden Augen von seinem großen Helden Bryan Robson berichtet: »Er ist der einzige Spieler, denn ich je traf, der 16 Pints (Bier) trinken und immer noch am nächsten Tag Fußball spielen konnte«. 16 Pints, das sind mehr als neun Liter. Später, als Trainer beim FC Middlesbrough, schickte Robson seinen Adepten Gascoigne in eine Entzugsklinik. Der Psychologe, der aus demselben Grund auch schon den früheren Nationalmannschaftskapitän Tony Adams behandelt hatte, prophezeite Gascoigne drei Möglichkeiten, sollte er sein Leben nicht ändern: »Er landet in der Gosse, er landet im Knast, oder er erlebt seinen 40. Geburtstag nicht.« Im Sommer 2001 machte Gascoigne eine Entziehungskur in Amerika und zeigte sich in seiner letzten Profisaison beim FC Everton als geläuterter Alkoholiker.

Schlucker, Spucker, Stinkefinger

Kosiano, Sergej, und seine drei Assistenten, mit denen er 1999 die UEFA-Cup-Partie Hapoel Haifa gegen FC Brügge leiten sollte, machten in Israel bleibenden Eindruck. Die Unparteiischen aus Rußland landeten volltrunken in Tel Aviv, zeigten auf dem Flughafen Tanz- und Sangesdarbietungen und versuchten, Polizistinnen zu betatschen. Nach weiteren Getränken in einem Restaurant unternahmen die vier Russen nach einer spontanen Eingebung den Versuch, den Straßenverkehr vor der Gaststätte zu regeln – vermutlich wähnten sie sich bereits im Stadion. Man zog sie schnell aus dem Verkehr, und vier Rumänen wurden eingeflogen, das Spiel zu leiten.

Morrison, Andy, zeigte Zungenfertigkeit am falschen Platze – und das in einer Form, die selbst Oliver Kahns lippenhafte Annäherung an den Dortmunder Stürmer Heiko Herrlich als harmloses Petting erscheinen ließe. In einem Spiel der englischen First Division im August 1999 steckte der Spieler von Manchester City seine Zunge ungefragt in den Mund seines Gegenspielers Stan Collymore vom FC Fulham. Das gab die Gelb-Rote Karte. Der Austausch von Unfreundlichkeiten ist mitunter erwünscht auf dem Fußballfeld, nicht aber der von Körperflüssigkeiten.

Parlour, Ray, englischer Nationalspieler von Arsenal London, landete 1995 in einer Gefängniszelle in Hongkong. Nach einem Abend mit einem Bierverbrauch von knapp sieben Litern hatte er den Taxifahrer während der Fahrt unentwegt mit chinesischen Keksen beworfen.

Rahn, Helmut, der WM-Held von 1954, landete zweimal wegen Trunkenheit am Steuer im Gefängnis: 1957 für
zwei Monate in Deutschland, 1963 in Holland, weil er be-
soffen in eine Baustelle gefahren war. Als er einmal auf
seinen Trainer Rudi Gutendorf in dessen Haus wartete,
soff er, um den Pegel zu halten, zu Gutendorfs Entsetzen
dessen feinste Tropfen aus dem Weinkeller weg: Domta-
ler Eiswein 1949 und Trockenbeerenauslese Bernkastler
Doktor.

Rijkaard, Frank, konnte in einer gut fotografierten
Szene seine Körpersäfte nicht bei sich halten, was den
Niederländer zum bekanntesten Spucker der WM-Geschichte machte. Im Achtelfinale in Italien 1990 kostete
die ungewöhnliche Ejakulation, die man in dieser Inten-
sität nur aus der Familie der Kamelartigen kannte, Rijkaard einen verdienten Platzverweis. Völlig unbegreiflich
blieb indes, warum Rudi Völler mit unter die Dusche mußte, obwohl er nichts getan hatte, als sich die Dauerwelle
mit holländischer Rotze verkleben zu lassen.

Rummenigge, Karlheinz, drohte vor dem Finale um
den Europacup der Landesmeister 1976 zwischen Bayern
und dem AS St. Etienne in Glasgow die Mannschaftsauf-
stellung durcheinanderzubringen: Der 20jährige war so
nervös, daß er das Auflaufen verweigerte. Da half ihm
der Mannschaftsbetreuer zwei Gläser Cognac ein und
schickte ihn auf den Platz. Rummenigge spielte durch,
Bayern gewann 1:0.

Szymaniak, Horst, galt als einer der fröhlichsten Trinker im deutschen Nationaltrikot. Bei seinem ersten DFB-Lehrgang, heißt es, hatte er keine Schuhe in der Tasche, dafür zwei Flaschen Bier. Bei der WM 1958 schloß er sich in die Toilette ein, um heimlich Steinhäger-Fläschchen zu kippen – das Leergut warf er, wie eine Flasche leer, aus dem Fenster. Zum Glück kannten selbst die Schweden damals noch keine Mülltrennung.

Zebec, Branko, kompensierte wie viele den Druck des Trainerberufs mit Promille, doch keiner tat das so selbstzerstörerisch wie er. 1980 wurde er nach einem volltrunkenen Auftritt (3,25 Promille) beim Auswärtsspiel des HSV in Dortmund entlassen. Überliefert ist von ihm, daß er sich während eines Bundesligaspiels, nach einem Ausnüchterungsnickerchen auf der Trainerbank, beim Elfmeter für die Gegenmannschaft beschwerte, daß »der Mann so frei zum Schuß kommt«.

4. Nieten am Elfmeterpunkt
Ballverluste, Fehlschüsse, Eigentore

Amlwch heißt ein kleiner Klub aus Wales, dem nicht nur alle Vokale verlorengegangen sind, sondern einmal auch alle Bälle. Beim Spiel gegen Maesgeirchen im November 1999 landeten die vier vorhandenen Spielgeräte durch unkontrollierte Schußleistungen nacheinander in der Irischen See. Das Spiel wurde abgebrochen.

Baffoe, Anthony, beendete das längste Elfmeterschießen der internationalen Fußballgeschichte, als der in Deutschland geborene Ghanaer im Endspiel der Afrikameisterschaft 1992 seinen zweiten Elfmeter verschoß. Er hatte noch einmal auf den Punkt kommen müssen, weil alle Spieler schon durch waren. Die Elfenbeinküste gewann dadurch 11:10.

Ballack, Michael, hielt im falschen Moment den Fuß hin und vermasselte so das Lebenswerk seines Trainers Christoph Daum. Mit dem Eigentor im letzten Spiel der Saison 1999/2000, als Leverkusen in Unterhaching nur ein Unentschieden zum ersten Meistertitel gebraucht hätte, nahm das Unheil um Daum seinen Lauf: Die gerade einmal dritte Saisonniederlage kostete den Titel. Ein Jahr später verloren die Bayern neunmal und wurden trotzdem Meister – weil sie die zehnte Niederlage durch die Dämlichkeit des Hamburger Ersatztorwarts Mathias Schober, der einen Rückpaß aufnahm, in letzter Sekunde abwenden konnten.

Beckenbauer, Franz, hat in seiner Bundesligakarriere gerade einmal sechs Elfmeter geschossen – und nur drei davon verwandelt. Die Quote von 50 Prozent ist alles andere als kaiserlich. Mindestens dreimal ging der Schuß sogar nach hinten los, wenn auch nicht vom Elfmeterpunkt. 1975 traf er in zwei aufeinanderfolgenden Bundesligaspielen (beim 2:3 gegen Offenbach und beim 1:4 in Berlin) ins eigene Tor, so daß Bayern-Torhüter Sepp Maier danach frech fragte: »Und wer deckt am Sonnabend den Beckenbauer?« Und dann schaffte der größte aller deutschen Fußballer etwas vermutlich noch Exklusiveres: Er schoß in seinem Abschiedsspiel ein Eigentor. Ins richtige ließen sie ihn aber auch noch treffen.

di Biagio, Luigi, knallte den Ball im WM-Viertelfinale 1998 fast aus dem Stand per Vollspann an die Latte, und Italien war zum dritten Mal in Folge bei einer WM vom Elfmeterpunkt gescheitert: 1990 im Halbfinale gegen Argentinien (als Donadoni verschoß), 1994 im Endspiel gegen Brasilien (als di Biagios Beinahe-Namensvetter Baggio vergab), schließlich 1998 gegen Frankreich.

de Boer, Frank, verschoß im EM-Halbfinale 2000 gegen die Italiener gleich zwei Elfmeter. Den ersten in der regulären Spielzeit, genau wie Kluivert, den zweiten im Elfmeterschießen, genau wie Stam und Bosvelt. Mit verschossenen fünf von sechs Elfmetern verballerten die Holländer die Chance, im eigenen Land den Titel zu gewinnen.

Brasilien kam bei den Olympischen Spielen 1996 in Atlanta auf die üppige Bilanz von 28 Torschüssen gegen die Olympia-Auswahl Japans. Die Japaner kamen auf vier Torschüsse. Brasilien verlor die Partie 0:1.

Breunig, Max, heißt ein trotz seines in Kaiserzeiten erzielten deutschen Rekordes im Fußballweitstoß (45 Meter) ziemlich vergessener Mensch, der die Geschichte deutscher Eigentore mit einem ebenso vergessenen Doppelschlag einleitete: Mit gleich zwei Eigentoren ausgerechnet gegen Holland, 1910 und 1912. Seitdem geht rein rechnerisch alle sechs Jahre einem DFB-Nationalspieler ein Schuß nach hinten los, insgesamt 17 Stück im 20. Jahrhundert: H. Müller (1924 gegen Finnland), Münzenberg (1931 Frankreich), Stubb (1932 Schweden), Klodt (1939 Jugoslawien), Rohde (1941 Schweiz), Posipal (1951 Irland), Mai (1955 Italien), Erhardt (1958 CSSR und 1961 Dänemark), Rüssmann (1978 Schweden), Vogts (1978 Österreich), Kaltz (1981 Argentinien), Immel (1988 Jugoslawien), Helmer (1993 Brasilien) und Kohler (1997 Albanien).
Für die DDR trafen – Weltniveau! – nur vier Spieler ins eigene Netz: Kische (1978 gegen Niederlande), Dörner (1980 Rumänien), Müller (1988 Rumänien), Wahl (1989 Griechenland).

Buzanszky, Jeno, versuchte im WM-Finale 1954 in der eigenen Hälfte ein Dribbling gegen Schäfer. Es war der Fehler, der der ungarischen »Wundermannschaft« ihre einzige Niederlage in vier Jahren und 50 Spielen bescherte – und sie den Titel kostete, den die Magyaren um jeden Preis wollten. Schäfer gewann den Ball, flankte, Lorant wehrte den Ball vor die Füße von Rahn ab, und der schoß Deutschland zum Weltmeistertitel.

Chellaston Boys B war der Name jener Mannschaft, die es schaffte, in einem Elfmeterschießen von 33 Elfmetern genau einen zu verwandeln. Als mildernder Umstand muß angefügt werden, daß es sich um knapp zehnjährige Nachwuchstorjäger handelte. Im Jugendpokalwettbewerb von Derby verlor Chellaston im Dezember 1998 nach insgesamt 66 Elfmetern und nachdem jeder Spieler sechsmal geschossen hatte, mit 1:2 gegen die Mickleover Lightning Blue Sox. Der Name des bedauernswerten Schiedsrichters ist nicht überliefert; nicht ausgeschlossen wird jedoch, daß er danach psychiatrische Hilfe aufsuchte.

Edmundo, brasilianischer Stürmer mit dem Spitznamen »das Tier«, flog 2001 aus der Mannschaft von Cruzeiro, weil man ihm vorwarf, einen Elfmeter absichtlich verschossen zu haben. Edmundo tat wenig, um den Verdacht zu zerstreuen: Er winkte den gegnerischen Fans zu und ließ sich von ihnen feiern. Es waren die Fans, für die er früher selbst gespielt hatte, die seines Lieblingsklubs Vasco da Gama, über dessen 3:0-Erfolg gegen das eigene Team Edmundo sich herzlich freute. »Vasco da Gama war 22 Jahre lang mein Leben«, entschuldigte sich der brasilianische Nationalspieler, der sich spätestens mit seinen sieben Platzverweisen in der Saison 1997 bei den Fans seines alten Klubs unvergeßlich gemacht hatte. Auch beim AC Florenz, den er zwischenzeitlich beglückte, ist Edmundo in bleibender Erinnerung geblieben:

1999 reiste er mitten während der Saison für einige Wochen in seine brasilianische Heimat, um als Trommler im Karneval von Rio aufzutreten.

Fink, Torsten, hieß der Unglücksrabe, der im Champions-League-Endspiel 1999 den entscheidenden Befreiungsschlag nicht hinbekam. »Raus, raus, raus«: Genau das, was einem von den Hintermännern in solchen Fällen in die Ohren gebrüllt wird, konnte Fink im entscheidenden Moment in der Nachspielzeit von Barcelona nicht umsetzen. Der Bayern-Mittelfeldspieler, der zehn Minuten vorher für den erschöpften Matthäus gekommen war, brachte seinen vom Spann gerutschten Querschläger kaum aus dem Strafraum. Der Ball landete bei Giggs, der aus 16 Metern direkt schoß, nicht gut genug für ein Tor, aber gut genug als ungewollte Vorlage für den Einwechselstürmer Sheringham, der den Ball am verdutzten Kahn vorbei zum Ausgleich ins Tor lenkte. Was dann kam, dürfte bekannt sein: Ecke Beckham, langes Bein von Solskjaer, Tor, Schlußpfiff.

Hoeneß, Uli, wird mit seinem Schuß in den Himmel von Belgrad wohl für immer stärker in Erinnerung bleiben als mit allen Toren, die er schoß, und mit allen, die er als Bayern-Manager einfädelte. Dabei könnte man sich auch des Elfmeters erinnern, den er 1974 im letzten WM-Finalrundenspiel gegen Polen vergab, den einzigen von insgesamt zwölf, den Deutschland in einem WM-Spiel seit 1934 nicht verwandelte – man hat ihm das wohl vergessen, weil Deutschland trotzdem gewann und dann auch Weltmeister wurde. Doch daß das einzige Elfmeter-

schießen, das je eine deutsche Nationalmannschaft verlor, auf seine Kappe ging, weiß jeder, seit er im EM-Fina-
le 1976 gegen die Tschechoslowakei weit über das Ziel
hinausschoß. Danach hat Deutschland alle Elfmeterschießen gewonnen, vier an der Zahl (gegen Frankreich
WM 1982, gegen Mexiko WM 1986, gegen England WM
1990 und EM 1996) und dabei nur einen einzigen Elfer
nicht verwandelt.

Hoffmann, Guido, schaffte das Kunststück, in der
Qualifikation für die neugeschaffene Champions League
1991 im Hinspiel beim FC Barcelona den Torwart auszu-
spielen, den Ball dann aber am leeren Tor vorbeizuschie-
ben. Der 1. FC Kaiserslautern verlor 0:2 und verpaßte im
Rückspiel bei 3:0-Führung durch ein Tor von Bakero in
der 90. Minute die Qualifikation für das große Geld. Barcelona gewann am Ende der Saison den Titel in der
Champions League.

Kaltz, Manfred, ist nicht nur mit 53 verwandelten Elfmetern und mit 291 gewonnenen Spielen Bundesliga-Rekordhalter, sondern auch mit sechs versenkten Eigentoren.

Kasalo, Vlado, traf in 22 Spielen für den 1. FC Nürnberg einmal ins gegnerische und zweimal ins eigene Tor.
Daß die beiden Eigentore 1991 binnen einer Woche pas-
sierten, brachte den jugoslawischen Nationalspieler
wegen seltsamer Wettgeschäfte in den Verdacht, nicht
ganz unfreiwillig in die falsche Richtung gezielt zu haben.

Mehr Eigentore schaffte der Libero aber nicht. Er wurde prompt entlassen. Doch die Kollegen zeigten sich lernbereit: Mit drei weiteren Eigentoren, zusammen mit denen von Kasalo also fünf in einer Saison, stellte der »Club« 1990/91 einen neuen Ligarekord auf.

Kekkola, Pentti, bekam von seinen finnischen Mitspielern nach seinem fünften Eigentor der Saison 1986 einen Kompaß geschenkt.

Kutzop, Michael, war einer der sichersten Elfmeterschützen der Bundesliga, ehe er den wichtigsten seiner Karriere an den Pfosten setzte. Es war die vorletzte Minute am vorletzten Spieltag der Bundesligasaison 1985/86, und ein Treffer Kutzops hätte den Sieg gegen Bayern München und die Meisterschaft für Werder Bremen bedeutet. Doch der Schütze zielte zu genau, und Werder vergab mit einer Niederlage am letzten Spieltag noch die Meisterschaft – etwas, was danach nur noch zwei Mannschaften unterlief, die als Tabellenführer ins letzte Spiel gegangen waren: Eintracht Frankfurt 1992 und Bayer Leverkusen 2000.

Lineker, Gary, versuchte 15 Jahre nach dem Schnibbel-Elfer des Tschechen Antonin Panenka, der sein Team nach dem Fehlschuß von Hoeneß 1976 zum Europameister machte, ein ähnliches Kunststück. Doch der englische Stürmer schaffte im Wembley-Stadion gegen Brasilien statt eines frechen Lupfers nur einen peinlichen Kullerball, für den der Torwart sich nicht mal hinwerfen mußte. So verpaßte Lineker sein 49. Länderspieltor, mit dem er den englischen Rekord von Bobby Charlton eingestellt hätte.

Mijatovic, Predrag, semmelte die Kugel bei der WM 1998 im Achtelfinale gegen Holland an die Latte, und Jugoslawien schied aus. Es war der erste außerhalb von Elfmeterschießen vergebene Strafstoß bei einer Weltmeisterschaft nach 38 verwandelten in Folge.

Müller, Gerd, hat mehr Tore geschossen als jeder andere in Deutschland, aber es hat auch niemand mehr Elfmeter verschossen als er: zwölf an der Zahl (bei 63 Versuchen).

Nicholl, Chris, erzielte beim Auswärtsspiel von Aston Villa bei Leicester City 1976 alle vier Tore. Das ist noch nichts Weltbewegendes, auch wenn es für einen Innenverteidiger schon rekordverdächtig klingt. Aber vier Tore zu erzielen bei einem Spiel, das 2:2 ausging, das muß dem nordirischen Nationalspieler erst einmal einer nachmachen. Zwei Kopfbälle setzte Nicholl im originellsten seiner 648 Spiele in britischen Profiligen per Kopf ins eigene Netz, zwei per Fuß ins gegnerische. So was nennt man Alleinunterhalter.

Palermo, Martin, schaffte ein im internationalen Fußball einmaliges Kunststück: Der argentinische Sturmstar verschoß im Rahmen der Copa America 1999 beim 0:3 gegen Kolumbien gleich drei Elfmeter – alle in der regulären Spielzeit, wohlgemerkt.

Pearce, Stuart, genannt »Psycho«, hämmerte im Elfmeterschießen des WM-Halbfinales 1990 den Ball so hart Richtung Tor, daß der deutsche Torwart Bodo Illgner, nicht gerade als Elfmetertöter bekannt, gar nicht mehr wegkam. Kurz danach löffelte ausgerechnet der beste Engländer, Chris Waddle, die Kugel über das Tor, und Deutschland stand im Finale. Damit war der Grundstein gelegt für den dritten deutschen WM-Titel und für ein endloses englisches Elfmetertrauma. Es setzte sich im Halbfinale der EM 1996 in Wembley fort, wieder gegen Deutschland, als Gareth Southgate mit dem sechsten englischen Elfmeter an Torwart Köpke scheiterte, und im Achtelfinale der WM 1998, als David Batty, der noch nie in seinem Profileben einen Elfmeter verschossen hatte, weil er noch nie einen geschossen hatte, nicht am argentinischen Torwart Roa vorbeikam.
Als Deutschland sich im November 2001 gegen die Ukraine doch noch die WM-Qualifikation gesichert hatte, entrang sich der *Daily Mail* der Strafstoßseufzer: *„Wir fangen besser schon mal an, Elfmeter zu üben."*

Putter, Dieter, war nicht der Name eines Golfschlägers, sondern eines Kaiserslauterer Fußballprofis, der schon in der ersten Saison der Bundesliga 1963 an einer ganz besonderen Fehlleistung beteiligt war. Nachdem der Stuttgarter Willi Entenmann auf dem Betzenberg ein Eigentor vorgelegt hatte, wollte Putter nicht nachstehen und erzielte gleich zwei. Lautern verlor 1:3. Drei Eigentore in einem Bundesligaspiel wurden nicht mehr überboten.

Rada, Karel, touchierte den Ball, den Oliver Bierhoff mit unpräzisem Linksschuß im EM-Endspiel 1996 abgegeben hatte, unfreiwillig und verhalf so, mit tätiger Mithilfe seines Torwarts Petr Kouba, den Deutschen zum »Golden Goal« und zum Europameistertitel. Fünf Jahre später traf der tschechische Nationalspieler als überforderter Abwehrchef von Eintracht Frankfurt so gut wie gar nichts mehr. Bierhoff in Italien aber auch nicht.

Rensenbrink, Rob, ist der einzige Spieler der Geschichte, der einen möglichen WM-Titel seines Landes in der letzten Spielminute mit einem Pfostentreffer vergab. Im Endspiel der Weltmeisterschaft 1978 in Buenos Aires setzte er Sekunden vor Ende der regulären Spielzeit beim Stand von 1:1 den Ball ans Gebälk. Argentinien wurde Weltmeister, Holland wurde es nie.

Schuster, Bernd, war nicht lange genug auf dem Platz, um das schlechteste Elfmeterschießen der Historie zu bereichern – und war dennoch dessen großer Verlierer. Der deutsche Star des FC Barcelona wurde nach 84 Minuten des grauenhaften Europapokalfinales der Landesmeister 1986 gegen Steaua Bukarest in Sevilla ausgewechselt. Nach dem 0:0 nach 120 Minuten gelang Barcelona auch bei allen vier Versuchen vom Elfmeterpunkt kein Tor. Der Rumäne Helmut Ducadam hielt die Elfmeter von Alesanco, Pedraza, Alonso und Marcos, und weil unter den Blinden der Einäugige mit geringem Restsehvermögen der König ist, gewann Bukarest das Elfmeterschießen mit dem einmaligen Resultat von 2:0. Schuster hatte noch während dieses Trauerspiels das Stadion verlassen. Er wurde anschließend von den Katalanen rausgeschmissen. Als Star gekommen, als Quertreiber gefeuert: Diese Tradition setzte Schuster auch bei seiner letzten Station Bayer Leverkusen 1995 fort, wo er sich als schneckenhafter Libero blamierte und seinen Stammplatz später vergeblich vor Gericht einzuklagen versuchte.

Sesta, Karl, genannt »Schasti«, hieß der österreichische Verteidiger aus dem »Wunderteam« der frühen Dreißiger, der sich einmal unsterblich blamiert hat. Im Spiel um Platz drei bei der WM 1934 konnte der bullige Stopper den deutschen Torjäger Edmund Conen zunächst mal ziemlich anschmieren: »Plötzlich war der Ball verschwunden, weil der Kerl sich mit seinem Hintern draufsetzte«, erinnerte sich Conen. Die Zuschauer lachten schadenfroh. Kurz vor der Pause probierte Sesta das nochmal, doch diesmal war Conen auf der Hut: Er spitzelte ihm den Ball unterm Hintern weg zu Lehner, und der schob ihn ins Tor. Deutschland gewann 3:2, und Österreich hatte die Schadenfreude auf seiner Seite. Später wurde Sesta mit 35 Jahren zum ältesten »Debütanten«, der je das deutsche Nationaltrikot trug, nach dem »Anschluß« Österreichs ans Deutsche Reich.

Stadler, Joachim, schoß das schönste Tor seiner Karriere leider in die falsche Richtung. In der ersten Minute des Pokalspiels gegen Kaiserslautern 1993 lenkte der

Ballverluste, Fehlschüsse, Eigentore

Gladbacher Abwehrspieler eine Flanke von Kuntz mit der rechten Hacke von hinten über die linke Schulter aus 14 Metern in den Winkel. Die eigenen Fans feierten ihn dafür ironisch als »Diego, Diego«. Gladbach verlor 2:3.

Vogts, Hans-Hubert, genannt Berti, lenkte am 21. Juni 1978 im letzten WM-Einsatz seiner Spielerkarriere im argentinischen Córdoba den Ball mit dem Knie ins deutsche Tor, nach Flanke von Schachner. Das brachte nicht nur Häme des österreichischen Reporters Edi Finger (»Ui, der Berti, das wird ihn aber ärgern«), es war auch der Auftakt zu einer der peinlichsten deutschen Niederlagen bei Weltmeisterschaften, die Hans Krankl mit seinem Treffer zum 3:2 besiegelte.

Williams, Bobby, Vorstopper des Waliser Klubs FC Maesteg, feierte ein einmaliges Jubiläum, als er im Januar 1999 gegen Pencoed ins eigene Netz traf. Es war die 25. Saison in Folge, in der Williams ein Eigentor gelungen war.

Winklhofer, Helmut, schaffte als einziger das Kunststück, mit einem Eigentor zum Schützen des »Tores des Monats« in der ARD-Sportschau gewählt zu werden. Dank seines herrlichen Weitschusses aus 30 Metern ins eigene Netz verloren die Bayern 1985 0:1 in Uerdingen. Zur Auszeichnung seiner Schützenleistung kam er aber lieber nicht ins Sportschau-Studio.

Worthington, Danny, zielte seine Flanke im C-Jugend-Spiel der Stalybridge Celtic Colts gegen Hollingworth Juniors in der Region Manchester im September 1999 ziemlich schlecht: Keiner seiner Mitspieler vor dem gegnerischen Tor kam an den Ball. Dafür aber eine den Fünfmeterraum durchquerende Möwe, der die Flanke an den Schnabel flog. Von dort fiel der Ball ins Netz. Der Schiedsrichter gab das Tor. Die Möwe verharrte erstaunt für einen Moment, dann erhob sie sich – vermutlich, um zu jubeln.

5. Nieten zwischen den Pfosten
Fliegenfänger und ihre Fehlgriffe

Arconada, Luis Miguel, hatte es in der Hand, Spanien endlich einmal einen großen Fußballtitel gewinnen zu lassen. Doch dann ließ der Nationaltorwart im Endspiel der Europameisterschaft 1984 den schwächsten aller Freistöße von Michel Platini noch ins Tor, als er ihn schon in der Hand hatte. Frankreich wurde mit einem 2:0 Europameister.

Baird, Torwart von Queen's Park, dessen Vorname nicht aus dem 19. Jahrhundert überliefert wurde, geriet im schottischen Pokalhalbfinale 1894 in eine Situation, die man sich heutzutage ausgesprochen gern noch einmal in der Zeitlupe anschauen würde. Nach einer Flanke der Glasgow Rangers köpfte David Boyd den Ball auf Bairds Tor. Der versuchte abzuwehren, doch es ging nicht: Er mußte tatenlos zusehen, wie der Ball ins Tor hoppelte. Baird war mit der Hand im Tornetz hängengeblieben.

Flotho, Heinz, machte ein einziges Länderspiel im deutschen Tor. Es war eine der peinlichsten Niederlagen der deutschen Fußballhistorie; sie wurde aber vom Mantel der Geschichte, die bald viel Schlimmeres in petto hatte, gnädig zugedeckt. An jenem 26. März 1939 verlor die deutsche Nationalelf in Differdingen 1:2 gegen Luxemburg. Und sie verlor, kein Scherz, am selben Tag in Florenz 2:3 gegen Italien. Schon das ein Kuriosum: Es war das einzige Mal, daß deutsche Mannschaften, zwei verschiedene natürlich, Länderspiele am selben Tag ausführten. Während die Niederlage beim Weltmeister aller Ehren wert war, wurde die beim Fußballzwerg als Peinlichkeit empfunden, besonders vom Debütanten Heinz Flotho. Der Schalker Torwart wollte später nie mehr auf sein einziges Länderspiel angesprochen werden.

Immel, Eike, die Nummer eins im deutschen Nationalteam bei der Europameisterschaft 1988, hält einen unschönen Bundesliga-Rekord: Im Laufe seiner Karriere in Dortmund und Stuttgart kam er auf 829 Gegentore.

Kleff, Wolfgang, griff trotz funktionierender Verdauung im falschen Moment zum Klopapier. Borussia Mönchengladbach spielte zum ersten Mal im Europapokal und stand im Achtelfinale 1970 gegen den englischen Meister FC Everton, dessen Fans das Spielfeld auf dem Bökelberg mit Papierschlangen bewarfen. Kleff wollte gerade seinen Strafraum von Klorollen säubern, als Kendall den Gladbacher Torwart mit einem unerwarteten Schuß aus 30 Metern zum 1:1 überwand. »Everton muß den Schmutzfinken danken«, schrieb das Boulevardblatt *Daily Mirror*. Auch das Rückspiel in England endete 1:1, und nach der Verlängerung kam es zum ersten Elfmeterschießen der Europapokalgeschichte. Der deutsche Meister scheiterte unglücklich, weil Rankin den Schuß von Ludwig »Luggi« Müller hielt. Aber letztlich auch deshalb, weil Kleff ein falsches Rollenverständnis offenbart hatte. Vierzehn Jahre später entblößte Kleff das dazu passende Körperteil der Bundesliga-Öffentlichkeit, als er Fortuna Düsseldorfs Präsident Bruno Recht, der ihn absserviert hatte, nach seiner letzten Auswechslung 1984 den nackten Arsch zeigte. Papier lag diesmal allerdings keines herum.

Köpke, Andreas, ist öfter abgestiegen als jeder andere deutsche Nationaltorwart. 1994 wurde er die Nummer eins im deutschen Team – und stieg mit dem 1. FC Nürnberg ab. Zwei Jahre später wurde er Europameister – und stieg mit Eintracht Frankfurt ab. 1999 schließlich begleitete er die Nürnberger zum zweiten Mal in die zweite Liga.

Kwiatkowski, Heinz, hatte die fiese Aufgabe, bei den beiden größten deutschen WM-Schlappen der Nachkriegszeit den Ball vierzehnmal aus dem Netz zu holen. Der Ersatztorwart durfte 1954 beim Vorrunden-Bluff gegen die Ungarn mit der zweiten Garnitur aufs Feld und verlor 3:8, vier Jahre später gab es nochmal sechs Gegentore von den Franzosen. Bei den Spielen, in denen das Team eine Chance hatte, ließ Herberger seinen Ersatztorwart auf der Bank.

Lewis, Dan, griff nicht nur beim Ball daneben, sondern auch bei der Trikotwahl. Daß beides zusammenhing, davon waren die Verantwortlichen von Arsenal London überzeugt, nachdem sie das englische Pokalfinale 1927 gegen Cardiff verloren hatten – beim entscheidenden Gegentor war der nasse Ball unter dem Körper von Torwart Lewis durchgerutscht. Der hatte ein brandneues Trikot getragen, und der glatte Stoff soll die entscheidende Rolle beim Gegentor gespielt haben. Jahrelang durften die Torhüter des FC Arsenal daraufhin nur noch Trikots tragen, die zuvor gewaschen worden waren.

Meier, Bernd, brachte das exklusive Kunststück fertig, in einem Münchner Derby einen ausgewachsenen Bayernspieler zu übersehen, und dann noch einen von der Statur Carsten Janckers. Das geschah 1998: Meier hatte den Ball gefangen, Jancker war hinter ihm ins Toraus gerannt. Doch statt abzuschlagen, rollte der Löwen-Torwart die Kugel vor sich her, um Zeit zu gewinnen – da kam Jancker aus dem Off, mopste den Ball und schob ihn ins Tor.

Pfaff, Jean-Marie, bleibt unvergeßlich durch ein Tor, das er nur deshalb bekam, weil er es zu verhindern versuchte. Gleich in seinem ersten Spiel für die Bayern 1982 machte der Belgier einen weiten Einwurf des Bremers Uwe Reinders zum Treffer, weil er den Ball noch mit den Fingern touchierte. Hätte Pfaff ihn unberührt hineingelassen, hätte es laut Regel Abstoß für die Bayern gegeben. Bremen gewann 1:0.

Reina, Miguel, hatte 869 Minuten, mehr als neun Spiele lang, kein Gegentor mehr bekommen, und nur eine Minute fehlte, um Atlético Madrid endlich aus dem Schatten von Real treten zu lassen. Doch an diesem 15. Mai 1974 in Brüssel nahm sich Hans-Georg Schwarzenbeck aus lauter Verzweiflung den Ball und schoß ihn am verdutzten spanischen Nationaltorwart vorbei aus fast dreißig Metern ins Tor. Es war das 1:1 in der 120. Minute im Endspiel des Europapokals der Landesmeister, den Atlético nie gewinnen sollte – im Wiederholungsspiel, das durch den Last-Minute-Fehlgriff nötig wurde, triumphierten die Bayern zwei Tage später mit 4:0.

Ruländer, Hermann, darf das verpatzteste Torwartdebüt der Bundesligageschichte für sich reklamieren. Dabei war das 2:9 von Werder Bremen bei Eintracht Frankfurt am 14. November 1981 gar nicht sein erster, sondern schon sein zweiter Einsatz. Eine Woche zuvor war Ruländer für den verletzten Dieter Burdenski eine Viertelstunde vor Schluß eingewechselt worden und hatte in der letzten Minute noch den Kölner Ausgleich kassiert. Im Waldstadion aber stand Ruländer das erste und einzige Mal von Beginn an im Tor. Allerdings nicht bis zum Ende: Beim Stand von 2:7 wurde er in der 78. Minute von Trainer Otto Rehhagel gegen den zweiten Ersatztorwart namens Robert Frese ausgetauscht, und der kassierte (in seinem einzigen Bundesliga-Einsatz) noch zwei weitere Treffer durch Nickel und Cha. Hermann Ruländer wurde nach seinem Debüt, das eine Demütigung war und ihn zum Gespött der Liga machte, nie wieder eingesetzt. Dabei geht es noch schlimmer: Steve Milton machte 1934 sein Debüt in der dritten englischen Liga für Halifax gegen Stockport – und erhielt 13 Gegentore.

Schober, Mathias, Hamburger Ersatztorwart aus Schalker Leihbestand, entschied die Meisterschaft 2001 in der letzten Saisonminute gegen seinen eigenen Stammklub, als er eine Rückgabe aufnahm, statt den Ball einfach wegzuschießen. Dadurch kam Bayern München in der 94. Minute per indirektem Freistoß noch zum 1:1. In Schalke, wo die Meisterschaft bereits gefeiert worden war, weinten Zehntausende.

Stein, Ulrich, hat sich einige Fehlgriffe geleistet, etwa den Kinnhaken gegen den Bayernstürmer Jürgen Wegmann, der ihn den Job beim Hamburger SV kostete. Aber bei keinem sah er so herrlich ertappt aus wie beim legendären 50-Meter-Heber von Klaus Augenthaler zum 1:0-Pokalsieg der Bayern in Frankfurt. Kleiner Trost: Auch seinem Nachfolger Andreas Köpke ist so etwas passiert, 1994 gegen den Spät-Leverkusener Bernd Schuster.

Zenga, Walter, brachte mit dem einzigen Fehler und dem einzigen Gegentor während eines ganzen WM-Turniers seine Mannschaft um die Titelchance. Italien hatte 1990 im eigenen Land fünf Spiele ohne Gegentor gewonnen, was bei einer WM noch keinem anderen Team gelungen war, und lag auch im Halbfinale gegen Argentinien 1:0 in Führung, da spielte Maradona mit einem Geniestreich Caniggia frei, Torwart Zenga entschloß sich zu spät, seine Linie zu verlassen, und es stand 1:1. Im Elfmeterschießen vergab Donadoni, und ganz Italien flennte.

6. NIETEN IN NADELSTREIFEN
Millionenflops und Fehleinkäufe

Adekola, David, war das Schnäppchen des Jahres für den englischen Drittligisten Bury: U-21-Weltmeister mit Nigeria, 16 Länderspiele, 38 Tore in 60 Spielen für Cannes, 20 Tore für den belgischen Erstligisten Charleroi – der Lebenslauf klang vielversprechend. Warum so einer in die Second Division geht und nicht, für ein angebliches Angebot von 800.000 Pfund, zu Olympique Marseille? Einer englischen Freundin wegen, hieß es. Aber schon nach ein paar (schwachen) Spielen war der Wunderknabe wieder weg, weitergeliehen an Exeter und eine Reihe anderer Klubs, herumgereicht in der englischen Fußballprovinz, ehe er 1998 bei einem Team namens Billericay landete. Vom Juniorenweltmeister zum No-name-Legionär? Nun, was aussah wie die Geschichte eines Niedergangs, war nichts als ein schönes Lügenmärchen. Ende 1998 enthüllte eine englische Zeitung, daß weder in Nigeria noch in Cannes noch in Charleroi noch in Marseille jemals jemand etwas von David Adekola gehört hatte.

Baptiste, Didier, wäre im November 1999 um ein Haar für 3,5 Millionen Pfund zum FC Liverpool gewechselt, wäre es nach den Zeitungen *Times* und *News of the World* gegangen. Doch kurz vor dem Transfer des Spielers, der als WM-Star der Franzosen gehandelt wurde, bemerkte jemand, daß Baptiste zwar einige Erfolge hatte – aber leider nur als Kunstfigur in der Fußball-Soap »Dream Team« im Fernsehsender Sky TV. Ein Spaßvogel hatte den Transfer im Internet verkündet. Und selbst der

»Liverpool ClubCall«, die Info-Line des englischen Rekordmeisters, hatte das angebliche Interesse des FC Liverpool an Baptiste ungeprüft weitergegeben. Zum Glück wurde der Fehler bemerkt, ehe die Transfersumme überwiesen war.

Blissett, Luther, hatte sich mit 95 Toren in der englischen Liga einen Namen gemacht, dessen Klang bis nach Italien hallte, so daß der AC Mailand ihn 1982 für die damals gewaltige Summe von drei Millionen Mark vom FC Watford holte. In der Serie A wurde er bald, wie es eine italienische Zeitung formulierte, »berühmt dafür, leere Tore zu verfehlen und Pfosten und Latte mit großer Präzision zu treffen«. Nach nur fünf Toren in zwei Jahren verkaufte Milan den Engländer wieder an seinen alten Klub zurück – für 5,5 Prozent des ursprünglichen Kaufpreises.

Bonhof, Rainer, spielte auf seine alten Tage noch bei Hertha BSC Berlin. Das war kein Glücksgriff für den Aufsteiger, der dem 1. FC Köln 1982 eine Millionensumme für den Neueinkauf überwies. Der dreißigjährige Weltmeister von 1974 spielte noch genau sechsmal. Für Bonhof endete die Saison bereits im Oktober als Sportinvalide, für die Hertha im Mai darauf als Tabellenletzter und Wiederabsteiger.

Christensen, Bent, war ein Däne, den sich der spendierfreudige Schalke-Präsident Günter Eichberg 1991 fünf Millionen Mark kosten ließ – für soviel Geld waren damals auch Spieler wie Klinsmann, Matthäus, Effenberg oder Möller zu haben. Es war der bis dahin zweitteuerste Einkauf der Bundesliga, nach den sechs Millionen, die die Bayern an Uerdingen für einen anderen, einen besseren Dänen bezahlt hatten, für Brian Laudrup. Christensen schoß in zwei Jahren acht Tore, dann war er wieder weg – ebenso wie Eichberg übrigens, der mit seinem Klinik-Imperium inzwischen auf der finanziellen Intensivstation gelandet war.

Dänen hatten Borussia Mönchengladbach jahrelang Glück gebracht, ob sie Le Fèvre oder Simonsen, Jensen oder Nielsen hießen. Doch das blieb nicht so. Mit dem Niedergang des fünfmaligen deutschen Meisters ab Ende der 70er Jahre wurde das »Danish Dynamite«, das man aus dem Norden holte, immer nasser. Die Neuverpflichtungen Thychosen, Mölby, Pedersen oder gar der nie zum Einsatz gekommene Enevoldsen erzielten kaum eine Wirkung.

Dahlin, Martin, erwies sich als Fehlkauf für jeden außer Borussia Mönchengladbach, die den dunkelhäutigen Schweden als ersten hatten und für die er 60 Bundesligatore schoß. Der Nationalspieler, der sich bei der WM 1994 mit vier Treffern international bekannt machte, wechselte 1996 für 5,5 Millionen Mark zum AS Rom – dort saß er nur auf der Bank und wurde an den Bökelberg zurückgeliehen. Es folgten die Blackburn Rovers, doch auch der Trip nach England war ein Mißerfolg. 1999 landete er beim Hamburger SV und wurde zum schlechtesten Spieler der Liga gewählt. Darauf sattelte er um, produzierte Herrenmode und eröffnete ein Restaurant in Stokkholm.

Daley, Steve, markierte 1979 den Anfang des Niedergangs von Manchester City. Dessen Vorsitzender Malcolm Allison wollte unbedingt mit dem mächtig aufstrebenden Lokalrivalen United mithalten. So gab man 1,43 Millionen Pfund für den Spieler der Wolverhampton Wanderers, eine Summe, die (vergleicht man die Relation zu den teuersten Transfers damals und heute), fast hundert Millionen Mark ausmachen würde. Nach weniger als einem Jahr wurde Daley billig in die US-Operettenliga abgeschoben.

Del'Haye, Karl, genannt Kalle, war mit Borussia Mönchengladbach dreimal deutscher Meister und zweimal UEFA-Cup-Sieger geworden und außerdem Nationalspieler, als die Bayern den schnellen Außenstürmer holten. Für 1,265 Millionen Mark, eine im Jahr 1980 ungeheure Transfersumme, ließen sie ihn auf der Bank versauern und nährten abermals die weitverbreitete Ansicht, der reichste Klub Deutschlands kaufe Spieler auch dann, wenn sie die eigene Mannschaft nicht verstärken – Hauptsache, die Konkurrenz wird geschwächt. Del'Hayes Konto erholte sich bei den Bayern, seine Karriere nicht mehr.

Denilson reichten ein paar Dribblings und Übersteiger beim Tournoi de France 1997, um noch vor Roberto Carlos, der sich mit einem sensationellen Freistoß die Tür zu

Real Madrid öffnete, und neben dem schon vergebenen Ronaldo zum Lieblings-Brasilianer der Saison zu werden. Halb Europa stand Schlange, und das Rennen machte ein mittelmäßiger spanischer Klub, Betis Sevilla, mit der damaligen Weltrekordsumme von rund 63 Millionen Mark – mehr als für Ronaldo oder Rivaldo bezahlt worden war. Denilson glänzte aber nur noch ein einziges Mal, im Nike-Werbespot, in dem die Brasilianer sich über einen Flughafen dribbeln, kurz vor der WM 1998. In 20 Ligaspielen machte er kein Tor. Betis Sevilla stieg in die 2. Liga ab. Denilson wurden sie nicht wieder los, und so schrieb man die Millionen ab, bis 2001 gemeinsam der Wiederaufstieg gelang.

Im Herbst 2001 machte Betis kurzzeitig als Tabellenführer Furore, dann aber blätterte der junge Ruhm, als Denilson und zehn Mannschaftskollegen von Kluboffiziellen im privaten Trainingslager mit dreißig käuflichen Damen ertappt wurden.

Hoeneß, Uli, verbrachte seine alten Kickertage, nein, nicht bei den Bayern, sondern beim Rivalen 1. FC Nürnberg. In der Saison 1978/79 wechselte er, nachdem ihn der Hamburger SV nicht haben wollte, ausgerechnet zum fränkischen Rivalen, wo er auf elf Einsätze kam, ehe die Spielerkarriere im zarten Alter von 27 vorbei war. Wenige Monate danach war Hoeneß wieder bei den Bayern, diesmal als Manager. Wer mag da Böses denken, vielleicht des Inhalts, daß der Wechsel nur eine von langer Hand geplante Schwächung des Bayern-Konkurrenten gewesen sei? Das ist natürlich nur eine haltlose Spekulation. Nürnberg stieg übrigens ab.

Keim, Andreas, hat sich für diverse Bundesligaklubs nicht gerade als Glücksbringer erwiesen: Er stieg zwischen 1984 und 1992 mit fünf Bundesligaklubs fünfmal ab.

Lentini, Gianluigi, sorgte 1992 dafür, daß sich sogar der Papst zum Fußball äußerte. Die damalige Rekordsumme von 40 Millionen Mark sah der Vatikan in einer Erklärung als »Angriff auf die Würde der Arbeit«. Wie so oft, kam auch diese völlig irre Summe zustande, weil ein Klub um jeden Preis den Anschluß halten oder wiederherstellen wollte. Damals war es der AC Mailand, der an die goldenen Jahre mit Gullit und van Basten anknüpfen wollte und deshalb für den Nachwuchsstürmer tief in die Tasche griff. Doch schon in der ersten Saison erwies sich Lentini als Fehlkauf. Dann kam 1993 ein schwerer Autounfall, von dem er sich zwar wieder erholte, doch die Karriere kam nicht mehr in die Gänge. 1997 wurde er für sechs Millionen Mark an den AC Turin verkauft.

Markovic, Sasa, kam 1998 für 2 Millionen Mark von Roter Stern Belgrad zum VfB Stuttgart. Das einzige, was die Stuttgarter von ihm gesehen hatten, waren Video-Cassetten. Im Training erwies sich Markovic als nicht bundesligatauglich, aber da war es zu spät. In der ersten Saisonhälfte kam er auf vier Spielminuten. In der zweiten Hälfte spielte er ein paar Minuten mehr und schoß sogar ein Tor. Trotzdem wollte beim VfB keiner mehr der Video-Besteller gewesen sein. Auf der Cassette soll Markovic gut ausgesehen haben. Manche vermuten, es waren Szenen aus einer unteren Spielklasse, die als erste Liga verkauft wurden.

O'Brien, Ronnie, Sturmstar der irischen Junioren-Auswahl, wurde 1999 für fünf Jahre von Juventus Turin verpflichtet. Der Traumtransfer wurde zur Odyssee durch die Fußballprovinz: O'Brien, der sich beim italienischen Rekordmeister nicht durchsetzen konnte, wurde an drittklassige italienische Klubs oder in drittklassige ausländische Ligen verliehen, spielte für Lugano, Crotone, Lecco, Dundee. Später wurde ihm aber doch noch ganz unverwarteter Erfolg zuteil: Eine Umfrage des amerikanischen Magazins *Time* nach dem einflußreichsten Menschen des 20. Jahrhunderts ergab Ende 1999 mit großem Vorsprung, daß Ronnie O'Brien der »Mann des Jahrhunderts« sei. Leider zweifelte das Blatt seine eigene demokratische Auswahl an und fand heraus, daß ein O'Brien-Fanklub eine überwältigende Anzahl von Internet-Stimmen in Irland organisiert hatte. Zeitweise brach die Website von *Time* unter der Zahl der E-mails für O'Brien zusammen.

Papin, Jean-Pierre, wäre besser geblieben, wo er war. Mit Olympique Marseille scheiterte der französische Stürmer im Champions-League-Finale 1991 im Elfmeterschießen an Roter Stern Belgrad. Er wechselte zum AC Mailand und verlor das Finale 1993 – gegen seinen alten Klub Marseille. Und als Milan 1994 schließlich doch den Europapokal gewann, saß Papin nur auf der Tribüne. Erst im Herbst seiner Karriere wurden sein Timing und seine Raumaufteilung besser: Während seiner Zeit als »Schapapapaa« bei Bayern München (1994-1996) half er immerhin, den UEFA-Cup zu gewinnen (1996) – und verließ den Club rechtzeitig wieder, um das verlorene Champions-League-Finale 1999 gegen Manchester nicht miterleben zu müssen.

Scheidt, Rafael Felipe, steht für den Preiswahnsinn, den europäische Klubs mitzumachen bereit sind, wenn auf der Wundertüte nur »Brasilianer« draufsteht. Der Verteidiger von Gremio Porto Alegre wurde Ende 1999 für mehr als 15 Millionen Mark von den gar nicht geizigen Schotten bei Celtic Glasgow gekauft. Dort stellte man allerdings bald fest, daß Scheidt, mit den Worten eines Mannschaftskollegen, »nicht mal einen Zementsack decken konnte«. Scheidt machte drei Spiele, davon ein einziges von Beginn an, dann wurde er im Handumdrehen auf Leihbasis zurück nach Brasilien geschickt.

Zafirov, Martin, wurde vom HSV-Manager Bernd Wehmeyer als »absoluter Goldfisch von höchstem Kaliber« präsentiert. Im Haifischbecken der Bundesliga hinterließ er allerdings eher den Eindruck einer Kaulquappe. Der Bulgare, der 400.000 Dollar gekostet hatte, wurde am 6. August 1997 im Spiel gegen Wolfsburg zur Pause eingewechselt. 41 Minuten später sah er die Rote Karte. Es blieb sein einziger Einsatz für die Hamburger. Die schoben ihren müden Zierfisch bei nächster Gelegenheit unauffällig wieder ab.

Zarate, Sergio, genannt »die Zaubermaus«, machte sich einen Namen als Publikumsliebling beim 1. FC Nürnberg. Nach 22 Toren in zwei Spielzeiten kaufte ihn 1995 der Hamburger SV. Für den erzielte er noch genau ein Tor.

7. Nieten auf der Bank
Gescheiterte und geschaßte Trainer

Adamson, Jimmy, Spieler des FC Burnley, wurde ein Angebot gemacht, das man eigentlich nicht ausschlagen kann. Doch er lehnte ab. So wurde an seiner statt Alf Ramsey Trainer der englischen Nationalmannschaft, Weltmeister 1966 und Sir Alf. Und Jimmy Adamson blieb ein Unbekannter, der im falschen Moment nein gesagt hatte.

Augenthaler, Klaus, schaffte es als Bayern-Assistent, bei seinem einzigen Einsatz als verantwortliche Chef-Vertretung vier Amateure aufs Feld zu bringen – einen zu viel, Punktabzug. Und dann schlief er bei einem Einsatz in angestammter Assistentenrolle während eines Spiels auf der Bank ein. Zur Strafe mußte er als Trainer zu Sturm Graz. Später schaffte er mit dem 1. FC Nürnberg den Aufstieg in die Bundesliga, nur um sich dort, nach eigenen Worten, unter den »Deppen der Nation« zu etablieren: In der ersten Pokalrunde 2001 gelang es Augenthalers Truppe als erster Erstliga-Mannschaft seit Gründung der Bundesliga 1963, gegen einen Fünftligisten auszuscheiden. Gegen den SSV Ulm, nach einem Jahr in der Bundesliga abgestiegen, wegen Insolvenz in die sechste Klasse verbannt und prompt wieder in die Verbandsliga aufgestiegen, gab es eine 1:2-Niederlage.

Bonhof, Rainer, steht für die mißlungene Resozialisierung vom Assistenten für Deutschland zum Chef für seinen Verein. Seinem DFB-Vorgesetzten Vogts hatte er in aller Loyalität gedient wie Harry dem Derrick, hatte, wo der schon mal den Wagen holen ging, die ebenso rituelle Aufgabe mit Bravour gelöst, sich auf das immergleiche Reporterstichwort nicht zu verhaspeln: »Rainer, was hat Berti Vogts in der Kabine gesagt? Wird ausgewechselt?« Doch dann machten die Gladbacher den Assistenten Bonhof tatsächlich zum Chef. Der meinte nach einem seiner wenigen Siege: »Wir müssen die Basis fundieren.« Und fand die Aufgabe schon psychologisch schwierig: »Fußball spielt sich zwischen den Ohren ab. Da war teilweise Brachland, das neu bepflanzt werden mußte.« Die Aufforstung hatte wenig Erfolg: Gladbach stieg im Mai 1999 ab, und nach vier Auftaktniederlagen in der Zweiten Liga warf Bonhof im September 1999 das Handtuch. Das war zwei Wochen zu spät: Am Ende fehlten den Gladbachern mit ihrem neuen Trainer Hans Meyer nur vier Punkte, und so mußten sie noch ein Jahr länger warten auf den Wiederaufstieg.

Breitner, Paul, ist der erfolgloseste aller Bundestrainer, denn er war es nur für einen Tag, dann hatte er die Sache vermurkst. »Du, Papa, ein Herr Braun ist dran«, hatte der 17-jährige Max Breitner zu Papa Paul gesagt, damals, als man beim DFB so verzweifelt einen Vogts-Nachfolger suchte, daß man beim E-Jugend-Trainer des TSV Brunnthal landete. Der Herr Braun und der Herr Breitner wurden sich einig. Dann erschien prompt ein Zeitungsinterview mit Breitner, das dem Herrn Braun nicht so gefiel. Und so blieb Breitner Nationaltrainer für einen Tag und mußte die *Bild*-Planstelle von Max Merkel übernehmen, als Klugscheißer vom Dienst.

Daum, Christoph, galt viele Jahre lang als Bundesligatrainer mit dem besonderen Riecher für Erfolge. Doch dann stand ihm seine Nase im Sommer 2000 zweimal entscheidend im Weg. Binnen weniger Wochen scheiterte Daum kurz vor seinen beiden großen Karrierezielen, der Meisterschaft mit Leverkusen und dem Amt des Nationaltrainers – das eine Mal in Unterhaching, wo er auf die falschen Spieler, das andere Mal in der Kölner Unterwelt, wo er auf die falschen Freunde gesetzt hatte. Nachdem Bayern-Manager Uli Hoeneß mit seinen Andeutungen über Daums Kokain-Konsum wochenlang als öffentlicher Buhmann dastand, entlarvte sich Daum selbst, indem er eine freiwillige Haarprobe abgab. Er fiel aus allen Rausch-Wolken, als sie positiv ausfiel. Leverkusen feuerte ihn, auch für den DFB war er von nun an Schnee von gestern, er floh nach Florida und heuerte dann in der Türkei an, bei Besiktas Istanbul.

Derwall, Jupp, hält den deutschen Rekord als Nationaltrainer mit 23 Spielen in Folge ohne Niederlage von 1978 bis 1981, wurde Europameister 1980, WM-Zweiter 1982 – und steht dennoch für eine besonders triste Zeit des deutschen Fußballs. Ohne erkennbare Autorität gegenüber abgezockten Profis wie Kaltz oder Hrubesch, konnte er sich nicht mehr halten, nachdem der Spanier Maceda, der ungedeckte Decker, in der letzten Minute des letzten EM-Vorrundenspiels von 1984 das 1:0 geköpft hatte, das Deutschland aus dem Turnier warf. Die *Bild*-Zeitung forderte Beckenbauer, damit war das Urteil über Derwall gefällt.

Ferrer, Llorenç Serra, wechselte als Trainer des FC Barcelona beim Spiel in Osasuna in der Saison 2000/2001 in der Pause zwei Spieler ein, Simão und de la Peña. Es waren Ferrers letzte Amtshandlungen. Simão erhielt für seine erste Aktion die Rote Karte, de la Peña bekam etwas später seinen Platzverweis, als er es erst im dritten Versuch schaffte, seinen Gegenspieler umzutreten. Auch der Rest der Barça-Starauswahl spielte so, als sähen sie gerne Rot, und nach der 1:3-Niederlage beim Tabellenvorletzten wurde Ferrer entlassen.

Gutendorf, Rudi, zog nicht ohne Grund in die weite Fußballwelt, um die Jungs von Nepal bis Mauritius die Kunst des Kickens zu lehren. Die Bundesliga nämlich hatte ihn ziemlich rüde hinauskomplimentiert. Als erster Trainer wurde Gutendorf in einer Saison gleich zweimal entlassen, 1970/71 vom FC Schalke 04 und von Kickers Offenbach. Das gelang danach nur noch zwei anderen: Dettmar Cramer (1977/78, Bayern München, Eintracht Frankfurt) und Rolf Schafstall (1987/88, Schalke, Bayer Uerdingen).

Heddergott, Karl-Heinz, wurde im April 1980 als abschreckendes Beispiel für Trainer, die beim DFB ausgebildet werden, in die Bundesliga entsandt – aber niemand wollte die Warnung hören, so daß später auch Herbergsväter wie Osieck, Ribbeck, Stielike, Bonhof und Vogts auf Profis losgelassen wurden. Heddergott scheiterte mit seiner Wandervogel-Pädagogik kläglich als Trainer der Profis des 1. FC Köln. Sein Plan, den Zusammenhalt der Mannschaft durch das gemeinsame Absingen sportlicher Kameradschaftslieder aus der Gründungszeit des DFB gezielt zu stärken, ging gründlich daneben, und Heddergott wurde bereits nach acht Spieltagen der Saison 1980/81 wieder gefeuert.

Heynckes, Jupp, schaffte es, aus dem spielerisch besten deutschen Vereinsteam der 90er Jahre einen Trümmerhaufen zu machen. Bei Eintracht Frankfurt führte sein Kampf um Autorität gegenüber der Mannschaft zur irrwitzigen Entlassung der internationalen Stars Yeboah, Okocha und Gaudino. Es war der erste und entscheidende Schritt zum Niedergang des Vereins. Später wurde Heynckes bei Real Madrid 1998 ebenso überraschend entlassen wie einst das Trio der Eintracht: Er bleibt der einzige Trainer, der je unmittelbar nach einem Champions-League-Erfolg abgelöst wurde.

Hitzfeld, Ottmar, hat immer ein glänzendes Händchen bei der Wahl seiner Spieler und auch seiner Einwechselspieler bewiesen, was ihm nach dem Champions-League-Sieg mit Bayern München 2001, seinem zweiten nach dem mit Borussia Dortmund 1997, den Ruf eintrug, der beste Vereinstrainer der Welt zu sein. Doch einmal lag er vollkommen daneben, als er im Champions-League-Endspiel 1999 Bayern-Kapitän Matthäus gegen Fink auswechselte. In der Nachspielzeit mißlang Fink der entscheidende Befreiungsschlag, der zum Ausgleich führte. Drei Minuten später hatten die Bayern und Hitzfeld ihre schlimmste Niederlage erlebt.

Hoddle, Glenn, englischer Nationaltrainer, über-
schätzte die Bereitschaft seiner Landsleute und der Bou-
levardpresse, übersinnliche Erkenntnisse zu verarbeiten.
Nach einer verunglückten Erläuterung der Karma-Lehre
von der Wiedergeburt und öffentlichen Spekulationen
darüber, was sich Behinderte in einem früheren Leben
hätten zuschulden kommen lassen, wurde er Anfang 1999
auf Druck der Öffentlichkeit ebenfalls in die nächste Exi-
stenzstufe befördert: Er verlor seinen Job.

Howard, Terry, wurde zu einem besonders ungewöhnlichen Zeitpunkt entlassen: in der Halbzeitpause.
Der Coach von Lleyton Orient, der seinen 397. Einsatz
nicht mehr zu Ende bringen konnte, mußte sogar zwei
Wochengehälter zurückzahlen wegen der schwachen
Leistung seines Teams gegen den FC Blackpool im Februar 1995.
Ähnliches widerfuhr Toni Schumacher, dessen erster
Trainerjob bei Fortuna Köln im Dezember 1999 ebenfalls
in der Halbzeit des Zweitligaspiels gegen Waldhof Mann-
heim endete. Da stand es übrigens 0:2 – am Ende dann
1:5. Und auch längerfristig brachte die Entlassung der
Fortuna kein Glück: Sie kickt seit der Spielzeit 2001/02 in
den unteren Regionen der Regionalliga Nord.
1996 erwischte das, was jedem Trainer offenbar immer
und überall drohen kann, einen Kollegen vielleicht noch
unvorbereiteter: Sammy Chung, Coach der Doncaster Rovers, wurde am Morgen vor dem ersten Saisonspiel der
englischen 3. Division entlassen.

Merkel, Max, schaffte es als einziger Trainer der Bundesliga-Geschichte, mit einem Team erst Meister zu werden und im nächsten Jahr Absteiger. Das war 1968 und 1969 mit dem 1. FC Nürnberg. Später hätte er beinahe auch dem Wandel des FC Bayern zur ersten Adresse des deutschen Fußballs im Wege gestanden. Doch als Bayern-Präsident Neudecker ihn 1979 verpflichten wollte, begehrten die Profis auf – die erste große Spielerrevolte im deutschen Fußball. Neudecker trat zurück, Uli Hoeneß wurde Manager, und Max Merkel blieb nur der Job, in der *Bild*-Zeitung immer wieder dieselben schalen Witzchen über Spieler und Trainer abzusondern.

Michels, Rinus, wurde wegen seiner großen Verdienste (WM-Zweiter mit Holland 1974, Europacup-Sieger mit Ajax Amsterdam 1971) die obligatorische deutsche Fußballehrer-Prüfung erlassen, als er 1980 Trainer des 1. FC Köln wurde. Nicht erspart blieb ihm der Rekord, so früh wie kein anderer Trainer während einer Bundesligasaison entlassen zu werden: am 2. Spieltag der Spielzeit 1983/84. Auch seine zweite Trainerstation, als frischgebackener Europameister-Trainer 1988 zu Bayer Leverkusen gekommen, endete ungeplant früh: Acht Wochen vor Ende seiner ersten Saison wurde er nach einem 0:2 bei St. Pauli gefeuert.

Nerz, Otto, wurde gefeuert und konnte doch nichts dafür. Die Aufstellung für das Spiel gegen Norwegen beim olympischen Fußballturnier 1936 wurde dem Reichstrainer vom DFB-Präsidenten Felix Linnemann diktiert. Er sollte die Stars schonen und den Nachwuchs spielen lassen. Die Partie im Berliner Poststadion endete vor den Augen Hitlers nach zwei Toren von Isaksen 0:2. Nerz wurde durch Sepp Herberger ersetzt.

Ovejero, Santos, war nur 54 Tage lang Trainer von Atletico Madrid – und das in fünf Etappen. Die kürzeste dauerte sieben Tage. Damit entfallen auf ihn allein 17,8% der 28 Trainerentlassungen, die der allmächtige Präsident Jesús Gil y Gil seit seinem Amtsantritt 1987 für notwendig hielt. Daß ihn ein Gericht im Dezember 1999 wegen Steuerhinterziehung von 106,6 Millionen Mark aus der Vereinskasse des Amtes enthob, hinderte Gil nicht, weiter die Trainer zu feuern (oder feuern zu lassen): Als Nummer 28 mußte im Mai 2001 Marcos Alonso gehen. Kurz danach verpaßte Atletico trotz eines für die 2. Liga unglaublichen Etats von 110 Millionen Mark den Wiederaufstieg in die Primera Divison, weil Teneriffa sechs Tore mehr geschossen hatte.

Ramsey, Alf, wechselte im WM-Viertelfinale 1970 unmittelbar nach Beckenbauers Anschlußtreffer zum 2:1 seinen Spielmacher Bobby Charlton aus. England verlor 2:3 nach Verlängerung, Charlton spielte nach diesem, seinem 106. Länderspiel nie wieder für England, und die Tage von Sir Alf, dem Weltmeistertrainer von 1966, waren gezählt.

Ribbeck, Erich, wurde schon als Assistent von Jupp Derwall von einigen Profis abgekanzelt: »Du hast hier gar nichts zu sagen.« Später, als Teamchef, hatte er dann ganz viel zu sagen, in vielen wohlformulierten Sätzen, aber es half auch nichts. Mit der schlechtesten Turnierleistung aller Zeiten verabschiedete sich das deutsche Team sieglos von der Europameisterschaft 2000, und Ribbeck ging gleich mit. Christian Wörns, der Ribbeck aus Leverkusen kannte, hatte schon nach dessen Ernennung zum Chef des Nationalteams 1998 bemerkt, nie einen anderen Trainer mit so wenig Ahnung von Taktik erlebt zu haben.

Robson, Bryan, weigerte sich im Dezember 1997, mit dem FC Middlesbrough gegen die Blackburn Rovers anzutreten, weil, so der Trainer, sein Team durch Verletzungen, Krankheiten und Sperren zu sehr dezimiert sei. Der englische Verband zog dem Klub dafür drei Punkte ab. Das später neuangesetzte Spiel verlor Middlesbrough auch, so daß aus der Partie die einmalige Bilanz von minus drei Punkten entstand. Am Ende der Saison fehlte dem Klub ein Punkt, um in der Premier League zu bleiben. Robson blieb Trainer.

Schäfer, Winfried, war als Dauertrainer des Karlsruher SC auf gutem Wege, ein zweiter Rehhagel zu werden, doch dann ereilte ihn nach fast zwölf Jahren doch noch der Rauswurf im Frühjahr 1998. Beim VfB Stuttgart überstand er danach die Hinrunde nicht, und mit der Millionen-Abzockertruppe von Tennis Borussia Berlin, die mit Hilfe des Geldes der »Göttinger Gruppe« in die

Champions League sollte, landete er stattdessen volley in der Pleite. TeBe ging in die viertklassige Oberliga Nordost, Schäfer ging nach 15 Monaten ohne Job, in denen sich nur Rot-Weiß Oberhausen für ihn interessierte, nach Kamerun, als Nationaltrainer.

Sebes, Gustav, Trainer der Ungarn bei der WM 1954, war so unklug, im Vorrundenspiel gegen Deutschland alle seine Stars einzusetzen, anders als Sepp Herberger, der Fritz Walter und andere Stammspieler schonte. Das Resultat: Ungarns Sturmstar Puskas wurde von Liebrich verletzt, fiel im Viertel- und Halbfinale aus und war im Endspiel gegen Deutschland zwar auf dem Platz, aber nicht auf der Höhe. Und nach 31 Spielen und vier Jahren ohne Niederlage ging ausgerechnet im WM-Finale gegen Deutschland am 4. Juli 1954 jene unglaubliche Serie des »Wunderteams« zu Ende, auch wegen des Fehlers von Sebes.

Stielike, Uli, hatte sich, schon lange bevor er die Weltöffentlichkeit als Assistent des deutschen Teamchefs Erich Ribbeck mit seinem Karo-Sakko schockierte, kräftig verrechnet. Als Cheftrainer des Schweizer Nationalteams ließ er seine beste Elf zur Vorbereitung auf das WM-Qualifikationsspiel 1989 gegen die CSFR gegen den eigenen Nachwuchs antreten. Die Schweizer A-Mannschaft unterlag den Jungschweizern 0:3. Das erwies sich als ziemlich prophetische Peinlichkeit und damit als unfreiwillig guter Test. Wenige Tage später verloren sie auch gegen die Tschechoslowaken 0:3.

Trapattoni, Giovanni, wußte, was ihm blühte, als er gleich in seinem ersten Pflichtspiel mit Bayern München 1994 eine landesweit wiehernd belachte Pokalniederlage in einem Ort namens Vestenbergsgreuth kassierte (womit die Bayern endlich mit dem HSV und seinen Eppingen- und Geislingen-Pleiten im Pokal gleichzogen). Die Schlappe des Rekordmeisters fügte sich chronologisch zwischen die beiden Eckpunkte in der Trilogie der bayerischen Pokalpeinlichkeiten binnen zehn Jahren: zwischen das 0:1 gegen Weinheim 1990 und das Aus im Elfmeterschießen gegen Magdeburg 2000. Für diese beiden konnte Trapattoni nun wirklich nichts – und auch nicht für eine besondere Perle unter den Bayern-Resultaten, die dennoch eindeutig in die Pokal-Pleitenserie gehört: das 2:6 im UEFA-Pokal 1991 bei B 1903 Kopenhagen, das letzte Spiel von Sören Lerby als Bayern-Trainer.

Völler, Rudi, war in der öffentlichen Wahrnehmung innerhalb nur eines Jahres vom Notstopfen zum Retter des deutschen Fußballs gereift, vom Trainerschüler im zweiten Bildungsweg auf der Trainerakademie zum großen Strategen, unter dessen Händchen alles zu Gold wurde. Doch dann kam ein wirklicher Könner des Handwerks, der Schwede Sven-Göran Eriksson, demontierte mit seiner England-Elf das deutsche Trüppchen mit einem epochalen 5:1-Sieg in München, und aus »Rudi Riese« wurde über Nacht kurzfristig Rudi Ratlos.

Vogts, Berti, erkannte spät, daß er den Deutschen als Nationaltrainer nichts recht machen konnte: »Wenn ich übers Wasser laufe, dann sagen meine Kritiker: Nicht mal schwimmen kann er.« Allerdings hatte er auch kaum eine Gelegenheit ausgelassen, reinzufallen. In seinem ersten Finale als Trainer, 1992 im EM-Endspiel gegen Dänemark, ließ er auch nach 0:1-Rückstand mit nur einer echten Spitze spielen. Erst nach dem 0:2, als es zu spät war, brachte er für die letzten zehn Minuten einen weiteren Angreifer. Nach seinem letzten WM-Spiel, dem 0:3 gegen Kroatien 1998, entwickelte er eine abstruse Dolchstoßlegende, die in der allgemeinen Schadenfreude über Deutschlands Ausscheiden international zum Glück nicht weiter auffiel («Vielleicht will man nicht, daß die Deutschen so erfolgreich sind. Die anderen können kratzen, beißen, spucken – gegen uns werden die Karten gezogen. Ich weiß nicht, ob es eine Anordnung gibt«.) Bei seiner einzigen Station als Klubtrainer in Leverkusen scheiterte er auch ohne Anordnung von oben.

Winterbottom, Walter, war Trainer der englischen Nationalmannschaft in der völlig erfolglosen Zeit von 1946 bis 1963. Er pflegte seine Spieler mit 90 Minuten langen Mannschaftsbesprechungen zu nerven. In seine Zeit fällt das peinliche WM-Aus 1950 gegen die Vereinigten Staaten; die einstigen »Lehrmeister« des Fußballs verloren in diesen Jahren komplett den Anschluß an den internationalen Fußball.
Nach der Verbannung von der Trainerbank verzehrte Mr. Winterbottom sein Gnadenbrot als Tischnachbar von Sir Toby, Admiral Von Schneider und Mr. Pommeroy – bis aus der kreglen Runde schließlich ein „Dinner for One" wurde.

8. Nieten in der Ambulanz
Die dämlichsten Verletzungen

Bettruhe ordnet man meist an, wenn es gilt, Patienten vor weiterem Unheil zu bewahren. Der Saarbrücker Spieler Michael Blättel hingegen entdeckte die Schlafstatt als Ort der Gefahr. Sein Trainer Uwe Klimaschefski kommentierte seinen Ausfall für das folgende Spiel mit den ratlosen Worten: »Der hat sich im Bett verletzt. Wie er das gemacht hat, weiß ich auch nicht.«

Cocktails und **Drinks** sollten Fußballer konsequent meiden. Wozu also sollte der Eiswürfel dienen, auf dem Lee Hughes, Stürmer von West Bromwich Albion, im Dezember 1988 ausrutschte, so daß er sich am Kopf verletzte und kurzfristig sogar das Bewußtsein verlor? Ah, klar: Zum Kühlen der Beule am Kopf.

Dreiradfahren ist Fußballprofis nicht ohne Grund ebenso streng verboten wie Skilaufen – die Verletzungsgefahr ist einfach zu groß. Pech nur, wenn man, wie der englische Nationalspieler David Batty, einen Sohn hat, der dieses Verbot geschickt umgeht bzw. umfährt: Bei der Kollision mit seinem Papa gelang es dem Steppke, dessen soeben auskurierte, langwierige Achillessehnenverletzung wieder aufbrechen zu lassen.
Allan Nielsen hingegen, dänischer Profi von Tottenham Hotspur, fiel für mehrere Spiele aus, weil ihm etwas Interessantes ins Auge stach. Es war der Finger seiner Tochter.

Mit **Druck** müssen alle Profis fertigwerden. Lothar Matthäus war stets ein Musterbeispiel für den Umgang damit: »Ich habe gemerkt, daß es ein Druckschmerz ist, wenn man draufdrückt.«

Fernsehen ist Pflichtprogramm für Fußballprofis – vor allem natürlich zur Fortbildung und Konkurrenzbeobachtung. Außerdem kann man dabei wunderbare Dehnungsübungen machen – wenn man's kann. Robbie Keane, irischer Nationalspieler, konnte es nicht. Er erlitt 1998 einen Bänderriß im Knie, als er versuchte, die Fernbedienung zu erreichen.
Pavel Kuka hingegen geriet beim beim Betrachten des Horrorfilms »Wolf« offenbar in einen Blutrausch: Er schnitt sich an einer heruntergefallenen Sprudelflasche die Fußsohle auf.

Fliesen mit Mustern verursachen in der Regel eher Augenverletzungen. Darren Barnard schaffte es 1998 jedoch, sein Knie für fünf Monate außer Betrieb zu setzen, weil er seine Küche ohne Stollenschuhe betrat – und prompt auf den Kacheln ausrutschte. Fairerweise muß hinzugefügt worden, daß sein Hund sich dort kurz zuvor um die Markierung gekümmert – und dadurch für recht schwierige Platzverhältnisse gesorgt hatte.

Golfspielen ist eine der bevorzugten Zweitsportarten von Fußballprofis. Und eigentlich relativ ungefährlich – es sei denn, man findet einen Weg, sich dabei eine Ellenbogenverletzung zuzuziehen. John Durnin, Profi des englischen Klubs Portsmouth, fand diesen Weg 1999, indem er von ihm abkam: Er fiel bei einer Runde Golf mit einem Elektrowagen in den Graben – und deshalb sechs Wochen aus.

Hausarbeit ist mehr und mehr auch Männersache – auch bei Fußballers daheim. Michael Schulz, Profi bei Borussia Dortmund, erlitt einen Hexenschuß beim Leeren der Mülltonne.

Und Michael Stensgaard, dänischer Torwart des FC Liverpool, versuchte Mitte der 90er Jahre, ein umfallendes Bügelbrett abzufangen. Dabei erlitt er eine schwere Schulterverletzung.

Welcher Reinigungstätigkeit allerdings Noel Whelan, Profi bei Coventry City, nachzugehen versuchte, ist nicht zu ermitteln. Er verpaßte jedenfalls eine halbe Saison, weil er mit seinem Fuß durch eine Glasscheibe trat.

In der **Kabine** werden mittelschwere Verletzungen mitunter gleich behandelt. Praktisch, wenn Spieler sich nicht erst dorthin schleppen müssen. Rajko Mitic, Kapitän der Jugoslawen bei der Weltmeisterschaft 1950, verletzte sich vor dem Spiel gegen Brasilien in Rio den Kopf an der Kabinentür. Weil die Platzwunde noch genäht werden mußte, traten die Jugoslawen zu zehnt an, bis Mitic mit einem Verbands-Turban verspätet dazustieß. Es ist das einzige Spiel der WM-Geschichte, bei dessen Anpfiff nicht 22 Spieler auf dem Platz standen.

Ein **Krug mit Salatsauce** mußte herhalten, als Dave Beasant 1993 im privaten Kreis vermutlich demonstrieren wollte, was für ein Kunststück es gewesen war, als er (1988 für den FC Wimbledon) als erster Torwart überhaupt in einem Pokalfinale in Wembley einen Elfmeter hielt. Nun versuchte er das herabfallende Steingut-Objekt mit dem nackten Fuß zu stoppen und vor dem Zerspringen zu bewahren. Die Folge: Mehrere Bänderrisse, zehn Wochen Pause.

Linienrichter müssen seit 1970 streng überwachen, wer das Spielfeld betritt. Damals mußte Chic Brodie, Torwart von Brentford, seine Profikarriere nämlich wegen einer Knieverletzung beenden, die er sich im Spiel gegen Colchester nach einem Zusammenprall zugezogen hatte – mit einem Hund.

Friedel Rausch war schon ein Jahr zuvor auf den Hund gekommen, der Rex hieß, ein fünfjähriger Rüde war und sein Beißgerät dem damaligen Schalker Spieler beim Gastspiel im Dortmunder Stadion Rote Erde recht rüde eineinhalb Zentimeter tief ins Gesäß versenkte. Seitdem sind die vierbeinigen Defensivkräfte in Bundesligastadien zum Tragen von Maulkörben verpflichtet (die zweibeinigen nur gelegentlich).

Der **private Pkw** ist ein Risikofaktor ersten Ranges für die Profis. So konnte Mark Statham, Torwart des unterklassigen englischen Klubs Stalybridge Celtic, 1999 nicht rechtzeitig zu einem Spiel kommen – er hatte seinen Kopf in einer Autotür eingeklemmt. Allan Wright hingegen, kleingewachsener Abwehrspieler von Aston Villa, erlitt eine Sehnenreizung im Knie, als er versuchte, das Gaspedal seines Ferraris durchzutreten. Er wechselte nach seiner Genesung zu einem Rover 416.

Und Ian Moore, Stürmer von Stockport County, mußte aus orthopädischen Gründen seinen Porsche verkaufen. Der Physiotherapeut bestand darauf, daß der Stürmer sich von dem flachen Sportwagen trennte, weil der beschwerliche Einstieg und die tiefliegende Sitzposition die Innenseite des Knies besonders beanspruche und die Heilung von Moores Verletzung immer wieder zunichte mache.

Besser, sicherer und bequemer ist es also, wenn die Spieler im luxuriösen **Mannschaftsbus** zum Auswärtsspiel anreisen. Blöd nur, daß Stefan Kuntz das mit dem Aussteigen nicht hinbekam: Beim Verlassen des Großraumgefährts zog er sich 1991 vor dem Spiel bei den Bayern einen dreifachen Bänderriß zu und verpatzte damit zusätzlich zum x-ten Mal sein bevorstehendes Nationalmannschafts-Debüt.

Aber auch das unfallfreie Aussteigen schützt die kostbaren Businsassen noch nicht vor kuriosen Verletzungen. Man muß auch heil wieder reinkommen. Der Bayern-Spieler Franz Michelberger wurde im Trainingslager in Israel beim Einsteigen in den Mannschaftsbus gestört, indem ein Kamel ihn gegen die Treppe schubste. Er erlitt eine Knieprellung.

Dann also mit dem **Flugzeug**? Auch nicht hundertprozentig sicher: Milan Rapaic, Spieler von Hajduk Split, verletze sich einst am Flughafen durch einen Stich mit dem Boarding-Paß am Auge. Er verpaßte dadurch zwar nicht den Start der Maschine, wohl aber den der Saison.

In den **Rasen** zu treten birgt stets Verletzungsgefahr. Diese potenziert sich allerdings, wenn man dann noch mit dem Rasenmäher drüberfährt, wie Charlie George, Profi bei Arsenal London, es im heimischen Garten tat. Er verlor einen großen Zeh.

Reinlichkeit und Körperpflege sind Ehrensache für Berufsfußballer. Lee Hodges, Spieler des englischen Profiklubs Barnet, erlitt eine Leistenzerrung beim Ausrutschen auf einem Stück Seife in der Dusche.
Sergej Juran hingegen brauchte dafür nicht mal Seife: Der frühere Stürmer bei Fortuna Düsseldorf verletzte sich nach seiner Rückkehr nach Rußland einfach so beim Duschen. Er fiel verletzt aus und wurde von Spartak Moskau entlassen.
Oliver Reck schließlich griff im Trainingslager von Werder Bremen in Chiclana mal wieder daneben und versuchte dann, die herabfallende Seifenschale mit dem Fuß aufzufangen. Ergebnis war eine Platzwunde auf dem Spann.
Und Alan Mullery, früherer Verteidiger bei Tottenham Hotspur und in der englischen Nationalmannschaft, verpaßte ein Länderspiel, weil er sich beim Rasieren den Nacken verrenkte.

Auch **Singen** schützt nicht vor fußballerischen Fehltritten: John Secada war der erste Verletzte der Fußball-WM 1994 in den USA – und zwar noch bevor der erste Anpfiff ertönt war. Der Popsänger bot während der Eröffnungsfeier gerade die US-Hymne dar, als er vor den Augen von rund einer Milliarde Fernsehzuschauer in einem Loch in der Bühne verschwand. Der gestürzte Secada sang aus dem Off heroisch weiter, ehe man ihn ins Krankenhaus brachte. Dort wurde eine verrenkte Schulter festgestellt.

Im Tor ist es in der Regel nur bei entsprechender Einwirkung des Gegners gefährlich. In der Regel. Aber Alex Stepney, Torwart von Manchester United, brüllte seine Verteidiger bei einem Spiel 1975 so heftig zurecht, daß er sich den Kiefer brach. Kenny Wharton hingegen, Verteidiger von Newcastle United, erlitt im August 1985 Verletzungen an Kopf und Knie – durch eine einstürzende Torlatte.

Torjubel – das Bedürfnis danach war verständlich, als dem nigerianischen Nationalspieler Celestine Babayaro 1998 ein Treffer gelang, denn schließlich spielt er als Verteidiger. Leider gelang der anschließende Salto nicht ganz so gut wie der Torschuß: Babayaro brach sich dabei ein Bein.

Steve Morrow erlitt bei der Feier des Pokalsieges mit Arsenal London 1993 ebenfalls einen Beinbruch: Er war zunächst von seinem Teamkollegen Tony Adams auf den Schultern davongetragen worden. Dann stürzte er herab, landete auf seiner eigenen Schulter und trug seinerseits etwas davon, nämlich eine Schlüssel*bein*fraktur.

Und Ole Gunnar Solksjaer ging nach seinem berühmtesten Tor in die Knie – es war der 2:1-Siegtreffer gegen Bayern München im Champions-League-Endspiel 1999. Weil danach die gesammelte Freude der Kollegen von Manchester United über ihn hereinbrach, erlitt der Norweger im kollektiven Jubelrausch eine Sehnenverletzung im Knie.

Aber auch der **Torschuß** ist nicht ungefährlich. Jürgen Wegmann ist allerdings der einzige, der sich beim Erzielen eines »Tores des Monats« verletzte. 1988 gelang dem Stürmer der Seitfallzieher, den die Zuschauer später sogar zum schönsten Treffer des Jahres wählten. Doch die Landung mißlang.

Zahnschmerzen können so höllisch sein, daß sie auch harte Männer um den notwendigen Spaß am Fußballspielen bringen können. Ramalho, brasilianischer Profi, behalf sich deshalb rechtzeitig vor dem Anpfiff mit einem Schmerzzäpfchen – und mußte daraufhin drei Tage krank im Bett verbringen. Er hatte es geschluckt.

9. NIETEN VOR DEM MIKROFON
Die schönsten sprachlichen Fehlleistungen

Atkinson, Ron, der letzte Trainer von Manchester United vor der Regentschaft von Alex Ferguson, wußte stets genau, was Fußball-Diplomatie heißt: nämlich im richtigen Moment die Klappe zu halten. Wie das zum Beispiel geht, erläuterte er auf markante Weise in einem englischen Fernsehinterview auf die heikle Frage nach der Leistung des Schiedsrichters: »Ich mache nie Kommentare über Schiedsrichter, und diese lebenslange Gewohnheit werde ich für diesen Arsch nicht aufgeben.«

Beckenbauer, Franz, hat schon vieles gesagt, was bereits im Lichte des nächsten Morgens nicht mehr bleibenden Gehalt hatte als das Kneipengeschwätz von gestern. Seinen arrogantesten Unfug formulierte er aber ausgerechnet in der Stunde des größten Triumphes, nachdem sein Team Weltmeister 1990 geworden war: »Es tut mir leid für den Rest der Welt, aber diese Mannschaft wird auf Jahre nicht zu schlagen sein.« Der arme Berti Vogts wurde als Beckenbauers Nachfolger noch kleiner unter dieser anmaßenden Erwartung. Schon bei der Europameisterschaft zwei Jahre später widerlegten die Holländer und Dänen den Spruch von Beckenbauer. Und dann die Bulgaren, die Kroaten, die Schotten, sogar die Amerikaner. Und die B-Mannschaft von Portugal.

van Bommel, Mark, niederländischer Nationalspieler, hatte seinen kürzesten Einsatz, als er im März 1997 im Trikot von Fortuna Sittard gegen PSV Eindhoven am

Spielfeldrand auf seine Einwechslung wartete und Zeuge eines Elfmeters gegen seine Mannschaft wurde (der schließlich zur 0:1-Niederlage führte). Daraufhin beschimpfte er den Linienrichter so heftig, daß der Schiedsrichter ihm die Rote Karte zeigte, ehe van Bommel auch nur den Platz betreten hatte.

Brehme, Andreas, konnte wie kein anderer Nationalspieler beidfüßig schießen, nur mit dem Zusammenspiel der beiden Hirnhälften klappte es nicht immer wie gewünscht, sobald ein Mikrofon in der Nähe war. Nach dem Kaiserslauterer Abstieg 1996 warnte er noch: »Wir dürfen jetzt nicht den Sand in den Kopf stecken.« Doch es half nicht viel. Mitunter wirkten seine Sätze, während der WM 1998 sogar noch live von Eurosport als Ko-Kommentator verbreitet, wie eine Widerlegung des großen Kleist, nämlich wie die allmähliche Verfertigung keiner Gedanken beim Reden. Legendär Brehmes »ich sach mal, sach ich mal«, von funkelnder Sprachkraft das pointierte Kennerurteil »Die Flanken von außen sind auch Roberto Carlos und Cafú denen ihre Spezialität«, und unvergessen das Versprechen, das er nach seinem Karriere-Ende 1998 abgab: »Ich will dem Fußball irgendwie, äh, beibehalten bleiben«. Diese Kunst, versandende Sätze dann irgendwie, äh, doch zuendezubringen, unterstrich er auch mit seinem klassischen Expertenurteil: »Von der Einstellung her, äh, stimmt die Einstellung.«

Calmund, Reiner, lobte einen seiner Spieler, Carsten Ramelow, auf wirklich ungewöhnliche Weise: »Der krempelt die Arme hoch.« Soviel Beweglichkeit, weiß Rudi Völler, kann man aber nicht von jedem verlangen, weshalb er über einen seiner Spieler sagte: »Man darf ihn jetzt nicht über das Knie brechen.« Andernfalls müßte auch der Orthopäde und Ex-Nationalspieler Jupp Kapellmann einschreiten, schon in eigener Sache, seit der damalige Bayern-Präsident Wilhelm Neudecker einmal sagte: »Wir bemühen uns, Kapellmann zu verlängern.«

Charles, Toby, hieß jener »Reporter«, der im Telefongespräch mit Kurt Brumme jahrelang jeden Samstag am Ende der WDR-Fußballsendung mit heftigem englischem Akzent die Ergebnisse von der Insel vorlas («hier kommt 'nen dicken Ding – Liverpool verliert auf der Anfield Road«). Zum festen Programm gehörte die einleitende Frage des Moderators: »Toby, wie ist das Wetter in England?« Das mit viel Rauschen und Knistern versehene Ferngespräch war aber nur ein Ortsgespräch – Charles saß, wie 1984 enthüllt wurde, in der Teutoburger Straße 11 in Köln. Die Spielinformationen hatte er aus dem englischen Radio, die Wetterinformationen von seinem Bruder aus Wales.

Der **Dativ** wurde in einem Spiel unter Beteiligung Rot-Weiß Essens überraschend für den Akkusativ eingewechselt, obwohl der kurz danach dringend gebraucht worden wäre. So aber sagte der Schiedsrichter zu Willi »Ente« Lippens: »Ich verwarne Ihnen.« Lippens wechselte ohne Erlaubnis den Akkusativ wieder ein und antwortete »Ich danke Sie«. Der Schiedrichter zeigte ihn dafür der roten Karte.

Effenberg, Stefan, hat das Geheimnis seines inneren Wachstums schon früh erkannt: »In mir wächst eine Persönlichkeit heran.«

Feldkamp, Karl-Heinz, vom Lauterer Meistertrainer von 1991 zum Fernsehexperten aufgestiegen, ließ bei der WM 1998 sensible Ohren aufhorchen: »Auch Babbel hat das Loch von Kohler hervorragend ausgefüllt.«

Foda, Franco, löste die größte Heiterkeit aus, die je einem deutschen Nationalspieler bei Nennung seines Namens gelang. Auf den Rängen des Stadions von Brasilia kriegten sich jedenfalls Tausende kaum noch ein, als der Stadionsprecher beim Länderspiel 1987 den Namen des Einzuwechselnden nannte. Der konnte sich den Lacherfolg seines Namens nicht recht erklären, bis es ihm einer übersetzte. »Franco Foda« heißt auf portugiesisch: Ficken umsonst.

Geyer, Eduard, zeigte sich als einer von denen, denen Dehnen und Dänen für Kalauer gut sind. Der knorrige Trainer bewies mit einem einzigen Satz, was man in Cottbus unter a) Sprachwitz und b) modernen Trainingsmethoden versteht: »Wenn sich jemand dehnen will, soll er nach Dänemark fahren.«

Gregory, John, Boß des englischen Premier-League-Klubs Aston Villa, hatte 1999 eine prickelnde, wie die Probleme des modernen Fußballs gelöst werden können:

»Schiedsrichter sollten an eine Reihe von Elektroden an-geschlossen werden, und man sollte ihnen erlauben, drei Fehlentscheidungen zu treffen, ehe man 50.000 Volt durch ihre Genitalien jagt.«

Grimes, Ashley, vom englischen Zweitligaklub Luton Town beleidigte im März 1987 seinen Teamkollegen Rob Johnson nach einer vergebenen Torchance so drastisch, daß der Schiedsrichter ihm die Rote Karte zeigte.

Hrubesch, Horst, hinterließ als angelnder Assistent von Teamchef Erich Ribbeck nicht viel Bleibendes, nur einen Satz für die schönsten Stunden an den Fußball-stammtischen: »Man läßt das alles noch mal Paroli lau-fen.«

Kuzorra, Ernst, Säulenheiliger des FC Schalke 04, weihte einen Fragesteller, der wissen wollte, warum Fuß-baller früher so lange Sporthosen getragen hätten, in die Geheimnisse der Fußballanatomie ein: »Weil wir so lange Dödel hatten.«

Libuda, Reinhard, genannt Stan, sollte für ein Euro-papokal-Auswärtsspiel ein wenig Englisch lernen. »Libu-da, what is your position in our team?«, schrieb Trainer Rudi Gutendorf auf die Tafel. Stan sollte antworten: »I'm on the right wing.« Beim Spiel selber soll er sich trotz-dem verbal verdribbelt haben: »I'm the white ring.« Aber an der englischen Fußballsprache sind schon ganz andere gescheitert, zum Beispiel jene finnische Zeitung, deren Reporter das Originalzitat »Rush an' Hughes are some of the best attackers in the world« mit der folgenden, inhaltlich recht überraschenden Feststellung übersetzte: »Russische Juden sind mit die besten Stürmer der Welt.«

Middendorp, Ernst, hieß der Trainer von Arminia Bielefeld, der der Bundesliga seit dem Abstieg der Ostwestfalen 1998 erspart geblieben ist. Überdauert hat sein Zitat, das die allseits bekannte gegenseitige Achtung zwischen Trainer- und Journalistenstand auf den Punkt brachte, geäußert gegenüber einem Lokalreporter: »Knien Sie nieder, Sie Bratwurst«.

Neubarth, Frank, konnte nichts dafür, außer daß der Schuß bei ihm nach hinten losging. Er wurde eher unfreiwillig zum Subjekt in einem der klassischen Sätze des deutschen Sportjournalismus, den die Deutsche Presse-Agentur im Dezember 1996 so formulierte: »Neubarth köpfte den Ball an die Latte des eigenen Torwarts.«

Royle, Joe, Trainer des FC Everton, nannte Schiedsrichter David Elleray in einem Spiel 1997 einen »Pterodactylus« und glaubte sich damit auf der sicheren Seite. Das ist der Name eines ausgestorbenen Stummelschwanzsauriers und damit eine ziemlich idiotensichere Beleidigung. Elleray aber war Schulhausmeister und schob täglich die Saurierschautafeln in den Biologie-Saal. So wußte er, was gemeint war. Das brachte Royle eine

Geldstrafe von mehr als tausend Pfund wegen prähistorischer Schiedsrichterbeleidigung.

Rummenigge, Karlheinz, führte in den 80er Jahren die Kunst des nichtssagenden, redudanten Ko-Kommentatorentums zum unerreichten Gipfel des sonoren Sprechblasenschaffens, das sich als Folge davon geradezu selber abschaffte – abgelöst von jenen Experten-Analysen, deren Nullsätze nur noch vor und nach der Partie, aber nicht auch noch während des Spiels über den Zuschauer ergossen werden. »Das ist nicht unrisikovoll«, sagte Rummenigge gern. Bei gegnerischen Fouls (Rummenigge war immer Partei) folgte regelmäßig sein geraunter Lieblingssatz »Das ist ja lebensgefährlich, wie der da einsteigt.« Eher tadelnd denn anerkennend konstatierte er einmal einen »verzinkten Schuß«. Über die Luxemburger Hintermannschaft urteilte er einst, als wäre man auf dem Hundeübungsplatz: »In der Mitte, da sind sie vierbeinig«. Und einer seiner unvermeidbaren Sätze, der die seelisch heilende Wirkung des Fußballs unterstrich, lautete: »Dieser Treffer ist psychologisch sehr wertvoll«.

Rutemöller, Erich, plauderte nach dem Pokalhalbfinale 1991 ganz dämlich-triumphierend aus, was er seinem Stürmer Frank Ordenewitz geraten hatte: »Mach' et, Otze!« Gemeint war ein Platzverweis. Der Kölner Stürmer hatte nämlich schon in der 8. Minute Gelb gesehen, was für das Pokalfinale eine Sperre bedeutete – die er jedoch im Falle, daß aus Gelb noch Rot würde, in der Bundesliga hätte absitzen können. So fragte er also seinen Trainer, ob er sich die Rote Karte abholen sollte, der äußerte sich positiv, und Ordenewitz drosch kurz vor Spielende den Ball bei einer Spielunterbrechung weit weg. Die Rechnung wäre aufgegangen, hätte Rutemöller nur den Mund gehalten. Doch er brüstete sich mit dem Austricksen des Regelwerks, und so ging der Schuß nach hinten los: Der DFB sperrte Ordenewitz tatsächlich wegen des Platzverweises für ein Spiel, allerdings für das Pokalendspiel. Köln verlor es im Elfmeterschießen gegen Werder Bremen (das im Jahr darauf auch den Europapokal der Pokalsieger gewann), und drei Monate später war Rutemöller seinen Job los.

Stam, Jaap, holländischer Verteidiger, wurde unfreiwillig einer der erfolgreichsten Buchautoren aller Zeiten. Sein Buch »Head to Head« dürfte ihm schon während der ersten zwölf Monate auf dem Markt rund drei Millionen Mark eingebracht haben: Soviel beträgt annähernd der Mehrverdienst, den der holländische Verteidiger bei Lazio Rom gegenüber Manchester United machte. Die Gemüter erhitzten sich darüber, ob es wirklich das Druckwerk war – außer sanften Andeutungen über David Beckhams Intelligenz, Dwight Yorkes Sexualleben und die Furze anderer Kollegen in der Kabine war darin nicht viel Erhellendes zu finden –, das den Ausschlag für Trainer Alex Ferguson gab, Stam zu dessen Überraschung nach Beginn der Saison 2001/2002 Richtung Italien abzuschieben – oder ob es das Geld war, mehr als 50 Millionen Mark Ablöse; oder, noch einfacher, die schwache Form, die der Glatzkopf nach seiner ersten, glänzenden Saison 1998/99 immer öfter gezeigt hatte. Eins aber wurde deutlich: Literarische Werke sind meist nicht gut für

Fußballkarrieren, zumindest sind sie ein schöner Vorwand, lästige, sportlich nicht mehr profitable Altmeister abzuservieren. Das war schon so beim »Anpfiff« von Toni Schumacher, der mit seinen Andeutungen über Doping und Puffs als Trainings-Lager seine Karriere im Nationalteam und beim 1. FC Köln kappte. Und erst recht bei Lothar Matthäus, den sein Erstlingswerk »Mein Tagebuch« trotz einer Aufführung als Theaterstück im Stadttheater Basel die Kapitänsbinde bei Bayern München kostete.

Stein, Ulrich, wäre bei der WM 1986 in Mexiko gern die Nummer eins im deutschen Tor gewesen, war er aber nicht. So regte er sich auf, nannte die Mannschaft eine Gurkentruppe, Teamchef Beckenbauer einen Suppenkaspar und durfte dafür nach Hause fahren. Im Tor stand Toni Schumacher und hielt, wie er selbst fand, im 2:3 gegen Argentinien verlorenen Endspiel »wie ein Arsch«.

Svinsas, Dag, Medienbeauftragter der UEFA, versuchte der staunenden Weltpresse am 21.11.2001 um 20.22 Uhr schlüssig zu erläutern, wie es um die Vorbereitungen für das Champions-League-Spiel Juventus Turin gegen Bayer Leverkusen stehe, das für 20.45 im nebelverhangenen „Stadio delle Alpi" auf dem Programm stand: „Die Spieler gehen jetzt auf den Platz, um sich warm zu machen. Das bedeutet aber nicht, daß das Spiel stattfindet." 23 Minuten später war die Sicht endgültig weg und die Lage damit klar: Das Spiel fiel aus.

Thomas, Carmen, war die erste Frau im »Aktuellen Sportstudio« – und ein einziger Versprecher reichte, um sie wieder loszuwerden: Wer »Schalke 05« sagt, ist kaum zu halten. Wäre sie doch ein Mann gewesen wie Arnim Basche – dem brachten seine „Kickenbacher Offers" noch nicht einmal einen Eintrag in die Personalakte.

Töpperwien, Rolf, der Fußball-Frontmann des ZDF, hat einst, als sein Held, König Otto I. von Bremen, mit dem Europapokal heimkehrte, den klassischen Satz des Frosch-Journalismus ausgesprochen, einen Satz, der die Untertanen-Perspektive des Berichterstatters als Huldigungserweisers auf den Punkt brachte. Als die Landung der Bremer nach dem Europacup-Sieg der Pokalsieger 1993 live vom Rollfeld in der heute-Sendung übertragen wurde, kommentierte Töpperwien das Ereignis, als wär's die Rückkehr des ersten Menschen vom Mond: »In diesem Moment betritt Otto Rehhagel wieder deutschen Boden.«

Trapattoni, Giovanni, wurde mit seiner »Ich-habe-fertig«-Rede, einer »Symphonie willkürlich verketteter Silben« *(Der Spiegel)*, auf einen Schlag zum populärsten Italiener seit Vico Torriani (der übrigens gar keiner war). Nach seinem Solo von 3:10 Minuten im Presse-Kabuff des FC Bayern waren der deutsche Fußball und die deutsche Sprache nicht mehr dieselbe. Nicht zu übertreffen das »schwach wie eine Flasche leer« sowie die empörte Frage »Was erlaube Struuuunz!?« Oder der Auswurf: »Wir mussen nicht vergessen Zickler. Zickler ist eine Spitzen mehr Mehmet e mehr Basler. Ist klar diese Wörter, ist möglich verstehen, was ich hab gesagt? Danke.«

Vogts, Berti, hatte schon, bevor es ihn endlich in die weite Welt in Gestalt von Kuweit hinauszog, seine Erfahrungen über fremde Kontinente knackig komprimiert: »Wie der Afrikaner lebt, so spielt er auch Fußball.« In der Wartezeit zwischen seinen Engagements als Bundestrainer und Bayer-Trainer in Leverkusen hatte Vogts seinen Horizont auch durch ein Intermezzo als Mime erweitert. Bei den Dreharbeiten zum *Tatort*-Krimi »Habgier« mit Manfred Krug hatte er 1999, einen Rammler auf dem Arm, genau einen Satz zu sagen: »Das ist doch euer Kaninchen?« Er sagte aber »Kaminchen«, und so nannten hämische Bayer-Profis ihren Chef fortan »Kaminchen«.

10. Wir beiden Nieten sind ein prima Trio
Die gröbsten Rechenfehler

Anderbrügge, Ingo, machte nach einem Treffer für Schalke 04 angesichts der Mithilfe eines Kollegen seine ganz eigene Rechnung auf: »Von dem Tor gehören 70 Prozent mir und 40 Marc Wilmots.«

ARD und ZDF ließen schon nach der erzitterten Qualifikation für die Europameisterschaft 2000 mit arithmetischer Schärfe nichts Gutes für den Auftritt der Ribbeck-Truppe in Holland und Belgien erwarten. Nach dem äußerst glücklichen Punktgewinn, der die Qualifikation bedeutete, hieß es im Videotext der beiden Öffentlich-Rechtlichen: »Der DFB-Elf reichte ein 0:0-Zittersieg gegen die Türkei.« Bei der EM wäre man über jeden weiteren 0:0-Zittersieg froh gewesen, aber da hat es dazu nicht mehr ganz gereicht.

Bizzari, Albano, hieß der Torwart von Real Valladolid, der mit einem ungewöhnlichen Punktgewinn, der ein Millionenverlust war, seinem Namen alle Ehre machte. Der Außenseiter hatte Ende September 2001 ein 2:2 beim Meister Real Madrid erzielt, und zunächst hatte die Gemüter dabei ein ominöser Pfiff erregt. Ob er von einem Spieler oder einem Zuschauer kam, war nicht mehr zu klären. Jedenfalls kam er nicht vom Schiedsrichter. Das hatten jedoch die Madrilenen geglaubt, so daß sie den Spielbetrieb nach dem Pfiff im eigenen Strafraum einstellten und Valladolid den Ausgleich ermöglichten. Die

Gäste jubelten erst über den Punktgewinn. Doch das Lachen sollte ihnen bald vergehen, weil sich herausstellte, wieviel der Treffer (also der Pfiff) sie gekostet hatte. Im Toto-Gemeinschaftstipp, den Bizzari für die Mannschaftskollegen und Betreuer abgegeben hatte, waren zehn von elf Spielen richtig vorhergesagt – nur das eigene Spiel nicht: Da hatte der Pessimist im Tor eine Eins angekreuzt, weil er einen Sieg von Real kommen sah. Zur Strafe gab es statt zwölf Millionen Mark für elf Richtige 90.000 Mark für zehn (plus die Punktprämie vom Verein, immerhin).

Daum, Christoph, hat sich nicht erst 2000 verrechnet, als er mit seiner Haarprobe als Trainer auf Droge aufflog, sondern schon 1992. Da wechselte er im Europapokal in Leeds einen vierten Ausländer ein (Simanic nach Dubajic, Sverrisson und Knup), was den damaligen deutschen Meister VfB Stuttgart das Weiterkommen kostete. Immerhin war Daum in guter Gesellschaft. 3 statt 2 Ausländer, dieser Lapsus war schon dem großen Weisweiler 1977 unterlaufen, 4 statt 3 den Kollegen Schulte 1990, Heese 1993 und Sebert 1995. Inzwischen kann das nicht mehr passieren – dachte man, bis Otto Rehhagel 1998 vier Spieler aufs Feld schickte, die keine EU-Bürger waren. So verlor Kaiserslautern die Punkte gegen Bochum.

Eichberg, Günter, bot eine nahezu barocke Besetzung für die ohnehin stets illuster gecastete Rolle des Schalker Präsidenten – eine bei Verhandlungspartnern beliebte Mischung aus Freigebigkeit und Naivität. Bayern-Manager Uli Hoeneß erkannte jedenfalls schnell, daß »so ein Ahnungsloser nicht oft durchs Isartor« kommt. Eichberg verhandelte 1991 mit dem Jugoslawen Radmilo Mihajlovic, den die Bayern nur los sein wollten, stand auf und sagte: »Ich gehe jetzt raus. Wenn ich wiederkomme, haben Sie bitte eine Summe in diesen Vertrag eingesetzt.« Mihajlovic trug ein: 500.000 Mark Garantiegehalt, 1,6 Millionen Dollar Handgeld, mietfreies Haus mit Einrichtung, Mercedes für 145.000 Mark. Eichberg stimmte zu, auch bei der Ablöse von 3 Millionen, obwohl Manager Helmut Kremers tags zuvor mit Bayern-Manager Hoeneß 2,5 Millionen vereinbart hatte. Ein echtes Schnäppchen. Die Steuerfahndung horchte auf, ermittelte wegen des Handgeldes. Wer mußte den Steueranteil zahlen? Mihajlovic sagte: Schalke, und Eichberg zahlte aus seiner Privatkasse knapp eine Million nach. Das Schalker Faktotum Charly Neumann charakterisierte den früheren Präsidenten einmal so: »Er kann nicht nein sagen. Wenn er eine Frau wäre, hätte er bestimmt schon 20 Kinder.«

Fensch, Marcell, verzählte sich im Oktober 1997: null Trikots statt ein Trikot. Er saß ahnungslos auf der Bank des 1. FC Köln, als Trainer Lorenz-Günther Köstner ihn plötzlich für den verletzten Verteidiger Schuster auf den Platz schicken wollte. Der überraschte Amateur merkte da auf einen Schlag, daß er sein Trikot mit der Nummer 22 in der Kabine vergessen hatte. Er brauchte vier Minuten, um es zu holen – in dieser Zeit ging Karlsruhe gegen die dezimierten Kölner in Führung und entschied das Spiel. Zum Klassenverbleib fehlten Köln am Ende der Saison drei Punkte. Man könnte auch sagen: ein Trikot.

Gawne, Tony, Fan des FC Everton, ließ sich 1998 für
150 Pfund ein Konterfei von Duncan Ferguson auf den
ganzen Rücken tätowieren – 48 Stunden, bevor der schot-
tische Profi den Klub überraschend verließ und zu Newcastle wechselte. Klüger hat es Shaun Southwick angestellt, weil er sich von den Wirrungen des Transfermark-
tes unabhängig machte und gleich alle Meisterschaften
und Pokalsiege, die Manchester United seit 1892 errun-
gen hat, auf den Rücken ritzen ließ. Die können schließlich nicht einfach den Verein wechseln.

Glasgow Rangers schaffte das Kunststück, in einem
Elfmeterschießen gleich alle sechs Elfmeter zu verschie-
ßen (einer war wegen eines Regelverstoßes wiederholt
worden) und dennoch als Sieger vom Platz zu gehen.
Möglich war das, weil der Schiedsrichter sich mit der
Auswärtstorregel im Europapokal vertan hatte – oder weil
er, man schrieb das Jahr 1971, vielleicht scharf darauf
war, endlich die neue Erfindung des Elfmeterschießens
in die Tat umzusetzen. Die Schotten hatten im Europapokal der Pokalsieger das Hinspiel der zweiten Runde gegen Sporting Lissabon 3:2 gewonnen, im Rückspiel stand
es nach 90 Minuten 3:2 für die Portugiesen, also Verlängerung. Nach 120 Minuten hieß es 4:3 für Lissabon, damit
war Glasgow wegen der Auswärtstorregel weiter. Doch
der Schiedsrichter, der Holländer van Ravens, ordnete
ein Elfmeterschießen an, das Lissabon 3:0 gewann. Natürlich wurde diese Zugabe später annulliert, der Schiedsrichter gesperrt, und die Rangers gewannen am Ende
der Saison den Europapokal (nachdem sie zuvor im Halbfinale die Bayern rausgeworfen hatten).

Gullit, Ruud, erlebte als Star der Holländer und des AC Mailand glorreiche Zeiten, doch selbst bei ihm ging die Rechnung nicht immer auf: »Wir haben 99 Prozent des Spiels beherrscht. Die übrigen drei Prozent waren Schuld daran, daß wir verloren haben.«

Hofmann, Richard, fragte sich, was gegen das Rauchen spreche, wenn man dafür auch noch bezahlt wird und sogar nur so tun muß, als ob man inhaliere – doch die Rechnung ging nicht auf. Hofmann ging nicht in die Luft, griff auch noch nicht zur HB, aber zur Bulgaria, und genau das kostete ihn seine internationale Karriere. Der Dresdner war der beste deutsche Stürmer seiner Zeit. Er hatte von 1927 bis 1933 in 25 Länderspielen 24 Tore erzielt, darunter alle drei beim 3:3 gegen England 1930 in Berlin. 1933 ließ er sich, obwohl Nichtraucher, mit der »Bulgaria« in der Hand für ein Werbeplakat abbilden. Das brachte ihm, wie es hieß, 3000 Reichsmark ein – aber auch eine Länderspielsperre durch den DFB. Der Verbandspräsident warnt: Rauchen gefährdet ihre Karriere.

Langner, Fritz, brachte als Schalker Trainer im Jahr 1966 wie kein anderer die Fußball-Arithmetik auf den Punkt, die da besagt: egal, was passiert, wichtig ist, was hinten rauskommt. Er forderte seine Spieler auf: »Ihr fünf spielt jetzt vier gegen drei«.

Morgenpost, Hamburger (Boulevardblatt), stellte nach der Champions-League-Niederlage gegen Deportivo La Coruña 2000 eine ganz besondere Rechnung auf: »1:2 – HSV einfach nicht zu schlagen!«

Moskau, Spartak, empfing den FC Sion im UEFA-Cup 1997 mit einem Tor, das 17 Zentimeter zu niedrig war. Das Spiel, das 2:2 endete, mußte wiederholt werden, und, welch Wunder, diesmal ging der Ball noch zweimal öfter ins nun richtig berechnete Tor. Moskau gewann 5:1.

Sport 1, Internet-Anbieter, war einmal arithmetisch besonders online: »Torloser Fußball-Klassiker: 1. FC Köln – Borussia M'gladbach 1:1«.

Szymaniak, Horst, Nationalspieler und eine Größe der 60er Jahre, stellte angesichts verlockender Angebote aus Italien mit dem Angebot seines Klubs, sein Gehalt um ein Drittel zu erhöhen, die legendäre Forderung: »Ich will mindestens ein Viertel mehr.« Seine Berechnungen gingen auch später nicht immer auf. In seinen letzten Berufsjahren mußte sich der früher hoch bezahlte Verteidiger als Kraftfahrer über Wasser halten, ehe er von seiner Knappschaftsrente leben konnte.

Walter, Fritz, der jüngere Namensvetter des Kapitäns der Weltmeistermannschaft von 1954, schoß 157 Bundesligatore, beinahe eins in jedem zweiten Spiel, doch seine verbale Trefferquote kam damit nicht immer mit. Sein berühmtester Satz belegte das eindrucksvoll: »Der Klinsmann und ich, wir sind ein gutes Trio«. Da setzten die lernfähigen Kollegen von »ran« gleich nach und vermeldeten bei anderer Gelegenheit in ihrem Online-Angebot: »Um den Leverkusener Spielaufbau machte sich vor allem das Trio Emerson und Beinlich verdient.«

Wohlfarth, Roland, machte als Torjäger der Bayern 1986 seine ganz eigene Prozentrechnung auf: »Zwei Chancen, ein Tor, das nennt man wohl hundertprozentige Chancenauswertung«.

11. NIETEN MIT DREI SCHWARZEN PUNKTEN
Blindfische und Phantomtore

Bachramow, Tofik, heißt der in Deutschland immer noch unvergessene, im Rest der Fußballwelt hingegen niemals zur Kenntnis genommene Kaukasier, der einst ein WM-Endspiel per Ferndiagnose entschied. Angeblich war das nur möglich, weil Bachramow einem malayischen FIFA-Funktionär zwei Dosen Kaviar gegeben und damit seine Nominierung als Linienrichter für das WM-Finale 1966 erreicht hatte – das zumindest behauptete dreißig Jahre später der russische Schiedsrichter Nikolai Latyschew. Der Treffer, der alles entschied, wird in Deutschland seit Jahrzehnten drittes Tor genannt, obwohl er natürlich in Wirklichkeit das fünfte Tor im WM-Finale 1966 war, das 3:2 in der Verlängerung. Nur Bundespräsident Lübke sah den »Ball im Netz zappeln«, und natürlich Torschütze Hurst, für den der Ball »meilenweit über der Linie« war. Weil er es natürlich nicht war, entspann sich einer der berühmtesten Dialoge der Fußballgeschichte. Frage von Schiedsrichter Dienst an Linienrichter Bachramow: »Was the ball behind the line?« Der nickte heftig, sagte »Yes, behind the line« und zeigte zur Mitte. »Das dritte Tor ist wie die dritten Zähne – mal drin, mal auch nicht drin«, schrieben Gerhard Henschel und Günter Willen in ihrem Buch »Drin oder Linie?«. Eine Untersuchung der Universität Oxford kam 1995 zum wissenschaftlichen Ergebnis: Nicht drin.

Bayern-Echo, Programmheft meisterlicher Herkunft, zeigte sich nicht immer auf der geographischen Höhe. Vor einem Auswärtsspiel bei Werder Bremen hieß es aufmunternd: »Jetzt fahren wir selbstbewußt an die Ostseeküste.«

Beckenbauer, Franz, hat sich schon oft verguckt, aber selten so deutlich wie im WM-Spiel gegen Dänemark 1986. Der große Teamchef konnte es offenbar nicht verkraften, gegen den Fußballzwerg aus der Nachbarschaft 0:2 verloren zu haben. Obwohl beide schon vorher fürs Achtelfinale qualifiziert waren, tobte Beckenbauer und beschimpfte vor allem den australischen Linienrichter, der beim völlig regulären 2:0 durch Eriksen korrekterweise kein Abseits gegeben hatte (es war, wie so oft, ein Glück für die Deutschen, verloren zu haben, es brachte ihnen im Achtelfinale Marokko, während Dänemark an Spanien und dem vierfachen Torschützen Butragueño scheiterte).

Die **DDR** kassierte in der Zwischenrunde der WM 1974 das politisch originellste Gegentor des Kalten Krieges. Während die in dieser Hinsicht erfahrenen Ostdeutschen ihre Mauer bauten, stellte sich ein Brasilianer zwischen sie, und verblüfft und erfreut über die ungeahnte Mithilfe beim Schutz des Sozialismus machten sie ihm Platz. Doch dann plötzlich, als Rivelino anlief, ließ sich sein vorgeschobener Kollege fallen, und der Ball jagte durch das Loch im DDR-Schutzwall zum 1:0-Siegtreffer. Die DDR, noch wenige Tage zuvor der große Überraschungssieger im deutschen Bruderduell, scheiterte in der Zwischenrunde.

Blindfische und Phantomtore

Ferguson, Alex, Trainer von Manchester United, fand eine originelle Erklärung für die überraschende 3:6-Niederlage 1996 in Southampton: die grauen Trikots. Seine Spieler hätten einander im Spiel wegen der blassen Optik nicht schnell genug wiedererkannt. Drei Jahre später erklärte Kollege Alan Pardew vom FC Reading eine Heimniederlage gegen Oxford mit der ungewohnten Farbe des Balles. Er war gelb.

Flack, Paul, gelang es, einen Elfmeter gegen seine eigene Mannschaft zu verwandeln. Der Kapitän der englischen Amateurmannschaft Tap and Spile FC schoß den Ball vor Wut darüber, daß der Schiedsrichter einen Elfmeter gegen sein Team gegeben hatte, vom Elfmeterpunkt aus gleich selbst ins eigene Netz. Der Unparteiische wertete das nicht als Ballwegschlagen, sondern als Treffer: »Ich dachte, wenn er so dumm ist, dann gebe ich das Tor.« Tap and Spile verlor 4:5.

Greenock Martin, eine englische Mannschaft vor dem Ersten Weltkrieg, gewann ein wichtiges Spiel, erlebte aber dennoch nicht die verdiente Entspannung beim anschließenden Gemeinschaftsbad. In dem Spieler-Pool (Duschen waren noch nicht üblich) fanden sie unerwartet ihr Maskottchen. Toby the Sheep, ein zuvor noch recht lebendiges Schaf, war versehentlich in der Kabine eingeschlossen worden, dort herumgeirrt und schließlich im Spielerbad ertrunken.

Hertha BSC Berlin mutete den 60.000 Fans im Olympiastadion im November 1999 einen legendären Blindflug zu: Das Champions-League-Heimspiel gegen den CF Barcelona wurde angepfiffen, obwohl dichter Nebel die Sicht auf's Spielfeld praktisch komplett ausschloß. Selbst die in solchen Fällen besser »sehenden« Fernsehkameras fingen während des Spiels nur ab und zu einige fetzenhafte Szenen ein. Grund für die Austragung gegen alle Vernunft und Kundenfreundlichkeit war der enge Zeitplan, den die aufgeblähte Champions League den Vereinen aufzwingt. Das Spiel soll übrigens dem Hörensagen nach mit 1:1 geendet haben.

Jablonski, Jörg, sah das Phantomtor der Bundesligageschichte und wurde auf einen Wink hin zum bekanntesten Linienrichter der 90er, der den leider noch nicht ausgelobten Bachramow-Gedächtnispreis locker verdient hätte. Dieses Phantomtor »schoß« Thomas Helmer am 32. Spieltag der Bundesligasaison 1993/94 beim 2:1-Sieg der Bayern gegen Nürnberg. Helmer schaffte es, den Ball von der gegnerischen Torlinie aus umständlich neben das Tor zu stochern, und Jablonski gelang es, ihn trotzdem drin zu sehen. Schiedsrichter Hans-Jürgen Osmers gab nach Besprechung mit seinem Linienrichter das 1:0, doch der DFB annullierte den Sieg. Das Spiel wurde wiederholt, Bayern gewann 5:0 und wurde Meister. Ohne das »Phantomtor" und die dadurch verursachte Wiederholung, bei einem 1:1 zwischen Bayern und Nürnberg, wäre Kaiserslautern Meister geworden und Freiburg abgestiegen.

Klimaschefski, Uwe, brachte als Bundesligatrainer nach einer Niederlage Durchschnittskickers Durchblicksmängel perfekt auf den Punkt: »Ich muß jetzt zu meinen Spielern. Die sind so blind, daß sie den Weg von der Kabine zum Bus nicht finden.«

Kuzorra, Ernst, brachte der Fußballruhm sogar eine Begegnung mit dem schwedischen König ein. Der aber wußte gar nicht, wo Schalke liegt. Kuzorra erklärte es ihm: »Anne Grenzstraße.«

Mill, Frank, hatte am ersten Spieltag der Bundesliga-Saison 1986/87 die ganze Bayern-Abwehr hinter sich gelassen und auch den hilflos am Boden zappelnden Torwart Jean-Marie Pfaff ausgespielt, da gingen dem allein aufs leere Tor zulaufenden Dortmunder Stürmer irgendwie die beiden Hirnhälften durcheinander. Statt den Ball hineinzuschieben, verhaspelte er sich unerklärlicherweise in der Vorwärtsbewegung, erwachte dann, als ein Bayern-Verteidiger nahte, wieder aus dem Sekundenschlaf – und setzte den Ball an den Pfosten des immer noch verlassenen Tores. Das Spiel endete 2:2, der Meister blieb ungeschoren, und Mill war für einen Tag die Lachnummer der Liga.

Möller, Andreas, wußte schon immer, wohin er wollte. Das mußte kein Klub sein, bei dem die Chemie stimmte, sondern die Geographie: »Ob Madrid oder Mailand, Hauptsache Italien.« Es wurde dann doch Spanien: Möller wechselte zu Juventus Turin.

Nuttall, Sam, Amateurspieler des englischen Klubs Wakefield, erzielte 1999 ein Ausgleichstor in der 66. Minute, rannte jubelnd 150 Meter weit und sprang in einen Ententeich. Als er wieder auftauchte, hielt ihm der Schiedsrichter die Rote Karte entgegen, wegen übertriebener emotionaler Enthemmung. Sein Team verlor 1:3.

Pahl, Jürgen, vertat sich in der Richtung, und so gelang ihm das ungewöhnlichste Eigentor der Bundesligageschichte. Beim Spiel in Bremen im Dezember 1982, das die Eintracht 0:3 verlor, schleuderte der Frankfurter Torwart einen Abwurf zwischen die eigenen Pfosten. Er hatte den Ball in der 3. Minute weit abwerfen wollen und sich das mitten in der Bewegung anders überlegt. Doch zu spät: Wie ein Hammerwerfer, der die Kurve nicht kriegt, drehte er sich 180 Grad um die eigene Achse, die nasse Kugel entglitt ihm und rollte ins eigene Netz.

Pelé, Abedi, dachte, er würde bei Bayern München landen, doch es war nur der TSV 1860. Der Stürmer aus Ghana, dem Franz Beckenbauer während seiner Zeit als Teamchef bei Olympique Marseille 1991 immer von München und von den Bayern vorgeschwärmt hatte, glaubte an ein Angebot des Rekordmeisters, als er 1996 einen Anruf aus Bayern erhielt. Doch spätestens als er mit einem blauen und nicht einem roten Trikot eingekleidet wurde, dämmerte ihm, daß etwas nicht stimmte. Aber wer weiß, vielleicht hatten die Löwen ja auch gedacht, sie hätten den richtigen Pelé an der Angel, den aus Brasilien. Abedi Pelé blieb zwei Jahre bei den »Löwen«, erzielte zwei Tore in 50 Spielen, nicht gerade viel für einen Angreifer, und verabschiedete sich 1998 in wärmere Gefilde, an den Persischen Golf.

Özalan, Alpay, traf bei der Europameisterschaft 1996 im entscheidenden Moment weder Ball noch Mann. Weil er den Kroaten Vlaovic auf dem Weg zum Siegtor ziehen ließ, erhielt er zwar von der UEFA einen Fairplay-Preis, wurde aber zu Hause mit Eiern beworfen. Trainer Fatih Terim sagte, er hätte Özalan eine Prämie gegeben, wenn er den Kroaten gefoult hätte, und der Verteidiger selbst sah sich als Versager: »Ich kann mir selbst nicht vergeben.« Welche Schande! Hätte er nur zugetreten, die Türken wären nicht mit null Punkten und 0:5 Toren Gruppenletzter geworden, sondern mit einem Punkt und 0:4 Toren. Bei der nächsten EM trat er beherzter zu, flog im Viertelfinale gegen Portugal schon in der ersten Hälfte vom Platz, und die Türkei schied aus.

Radio FFH, hessischer Regionalsender aus Bad Vilbel bei Frankfurt, hat leider noch nie über ein Champions-League-Spiel im eigenen Sendegebiet berichten dürfen (beinahe, ja beinahe wäre es der Frankfurter Eintracht 1992 gelungen, doch sie kam bekanntlich nur bis Rostock). Aber halt: Einmal hätte es FFH um ein Haar doch geschafft, klammheimlich die europäische Spitzenklasse nach Hessen zu holen. In seinem »Sporttelex« hieß es: »Zwischen dem HSV und Athen steht es noch 0:0. Die Nordhessen brauchen aber unbedingt einen Sieg, um in der Champions League zu bleiben.«

Rio de Janeiro, das klingt im kalten und grauen Europa wie das Schlaraffenland des Fußballs, und so jubelte ein schottisches Boulevardblatt in der Euphorie über die geglückte Qualifikation der Schotten für die WM 1978 geografisch originell: »Wir sind auf dem Weg nach Rio!« Die Weltmeisterschaft fand übrigens in Argentinien statt, die Schotten fanden den Weg dorthin, sie besiegten sogar den späteren Finalisten Holland, aber wie immer bei ihren acht WM-Teilnahmen schieden sie in der Vorrunde aus.

Stielike, Ulrich, nahm mit einem unglaublichen Fehlgriff in seinen Kleiderschrank schon 1998 den bevorstehenden Niedergang des deutschen Fußballs modisch vorweg, und das in einer Weise, die sensibleren Gemütern eine Warnung sein mußte. Bei seiner Vorstellung als DFB-Trainer und Assistent von Teamchef Erich Ribbeck nahm Stielikes atemraubende Karosakko/Streifenwesten/Punktschlips-Kombination nahezu alle optischen Elemente der Trikothistorie auf – eine Art visuelles Revanchefoul. Sepp Maier meinte: »Als er das Sakko kaufte, hat sogar der Blindenhund geknurrt.« Der Österreicher Hans Krankl empfahl: »Allein wegen seiner Sakkos müßte man ihn entlassen.« Das geschah dann aber aus ganz anderen Gründen kurz vor der EM 2000.

Trierischer Volksfreund, Regionalzeitung, beschrieb zu besten Fohlen-Zeiten einen der ungewöhnlichsten Spagate der modernen Fußballgeschichte. Das Blatt formulierte Mitte der 70er Jahre anatomisch gewagt: »Borussia Mönchengladbach steht zumindest noch mit einem

Bein im Ackerboden des Niederrheins, und mit dem anderen winkt es der aufgehenden Sonne am Himmel des europäischen Fußballs entgegen.«

Van der Kroft, Leonardus, sah bei gleich zwei Toren von Borussia Mönchengladbach im Europapokalspiel 1976 bei Real Madrid eine Regelwidrigkeit, die sonst niemandem aufgefallen war. Der deutsche Meister schied nach dem 2:2 im Hinspiel mit einem 1:1 im Bernabeu-Stadion aus, nachdem Simonsen und Wittkamp regulär, aber von Van der Kroft nicht gewertet, getroffen hatten. Gladbach verpaßte so seine vielleicht größte und unwiederbringliche Chance, einmal den Landesmeisterpokal zu gewinnen. Und mehr als 90 Prozent der deutschen Fußballfans zeigten sich in einer Umfrage wenige Tage später überzeugt, der holländische Schiedsrichter sei nicht sehbehindert, sondern bestochen gewesen.

Whitby, Frank, Stürmerstar von Luton Town, rannte allein mit dem Ball auf das Tor von St. Albans zu – und verfehlte es meterweit. Seine Begründung: Sichtprobleme. Eine vorbeifahrende Dampflok habe ihm die Sicht vernebelt. Blöde Ausreden gibt es solange, wie es versagende Fußballer gibt – nur klangen sie im Jahr 1886 noch etwas plausibler.

Wood, Carl, verwechselte im Februar 2000 Außenbahn und Autobahn. Der 28-jährige Spieler des Amateurklubs Bull's Head war wegen Fluchens vom Platz gestellt worden, setzte sich wütend in seinen Peugeot 205 und fuhr mit dem Auto zurück aufs Spielfeld. Dort scheuchte er mit Vollgas Schiedsrichter und Spieler über den Platz. Den Führerschein bekam er irgendwann wieder, die Spielberechtigung nicht.

Yamasaki, Arturo, hieß der peruanische Schiedsrichter, dessen Bevorteilung der Italiener im legendären WM-Halbfinale 1970 in Mexiko nicht nur Millionen deutscher Fans auf die Palme brachte (er übersah mindestens einen Platzverweis für Italien und einen Elfmeter für Deutschland) – nein, er wurde wie zum Dank dafür auch noch poetisch verewigt in den Versen des größten deutschen Fußballdichters. In seinen WM-Sonetten schrieb Ror Wolf:
»Der Catenaccio knirscht. Die Riesen wanken.
Mazzola fällt vor lauter Elend um.
Als Seeler blutet, bleibt die Pfeife stumm.
Das hat man Yamasaki zu verdanken.«

Zylka, Michael, wurde Präsident des FC Schalke 04, aber nur für drei Tage. Günter Siebert hatte erwartet, keinen Gegenkandidaten zu haben, und nach miserablem Saisonstart 1988 die »Vertrauensfrage« gestellt, da stand das Mitglied Zylka auf, hielt eine flammende Rede und wurde prompt von der tobenden Masse gewählt. Das Blöde war nur, daß Zylka im wirklichen Leben Berufssoldat und Mitarbeiter des Verteidigungsministeriums »im sicherheitsrelevanten Bereich« war, was ihn in einigen Medien gleich zum »Geheimdienstler« machte – das war zwar übertrieben, aber eine Funktion als Präsident eines Bundesligaklubs wirkte auch für diskrete Innendienstler

Blindfische und Phantomtore

nicht gerade wie eine gute Tarnung im Kalten Krieg. Weil ihm das wohl sein Arbeitgeber klar machte, trat Zylka zurück, und Schalke stand nach nur 72 Stunden wieder führungslos da. Aber nicht bald, dann folgte dem »Drei-Tage-Präsidenten« der »Sonnenkönig« von Schalke, Günter Eichberg.

12. NIETEN IM SPIELCASINO
Betrug und Falschspielerei

Albertosi, Enrico, der Torwart der italienischen Nationalmannschaft beim berühmten 4:3 gegen Deutschland bei der WM 1970, landete im Gefängnis, allerdings für etwas ganz anderes. Als Drahtzieher im »Toto nero« (schwarzes Toto), dem großen italienischen Wettskandal Ende der 70er Jahre, in dessen Folge der AC Milan in die Serie B degradiert wurde, mußte Albertosi für zwei Jahre ins Gefängnis. Paolo Rossi, beteiligt beim bestellten 2:2 zwischen Avellino und Perugia, wurde für drei Jahre gesperrt, auf Betreiben von Nationaltrainer Enzo Bearzot aber nach zwei Jahren begnadigt – so konnte er mit Italien 1982 Weltmeister und WM-Torschützenkönig werden.

Boninsegna, Roberto, wurde am 20. Oktober 1971 in der 29. Minute des besten Spiels, das je eine deutsche Mannschaft im Europapokal bot, von einer Cola-Dose niedergestreckt. Er sank dahin, als hätte ihn ein Pferd getreten – Augenzeugen auf dem Bökelberg sprachen von einem Meisterwerk mediterraner Schauspielkunst. Die UEFA sah es anders und annullierte die Partie auf italienischen Druck. Borussia Mönchengladbach, das die unvergeßliche Partie gegen Inter Mailand 7:1 gewonnen hatte, stand mit leeren Händen da und scheiterte schließlich, weil es nach der 2:4-Niederlage in Italien das Rückspiel auf neutralem Boden, in Berlin, austragen mußte, durch ein 0:0 im Rückspiel.

Canellas, Horst-Gregorio, wollte der Aufdecker des großen deutschen Fußballskandals sein, doch bis heute wird allein er und nicht einer der vielen Haupttäter mit dem Bundesligaskandal der 70er Jahre identifiziert. Der Offenbacher Obsthändler zerstörte den naiven Glauben an das Gute und Ehrliche des deutschen Fußballs, als er am 6. Juni 1971, beim Grillfest zu seinem 50. Geburtstag, mit triumphierendem Blick vor einem Tonbandgerät auf der Terrasse der Rosenstraße 19 im Offenbacher Vorort Hausen saß. Einen Tag vorher waren die Offenbacher Kickers, deren Präsident Canellas war, durch eine 2:4-Niederlage in Köln abgestiegen. Die Bänder, die Canellas den überraschten Gästen, darunter Bundestrainer Helmut Schön, vorspielte, belegten eine groß angelegte Verschwörung. Mit schnellen Sperren gegen Canellas, der nur zum Schein mitgespielt hatte, um die Sache aufzudecken, aber vom DFB zum Sündenbock gemacht wurde, gegen den Kölner Torwart Manglitz, die Berliner Spieler Patzke und Wild sowie dem Lizenzentzug für die Kickers versuchte der DFB die Angelegenheit in Wochenendverhandlungen hinter verschlossener Tür möglichst unauffällig aus der Welt zu schaffen. Doch Canellas ließ nicht locker und deckte als Amateurdetektiv einen wahren Abgrund der Korruption auf, der das DFB-Gericht sechs Jahre beschäftigte und einigen Schalkern sogar Strafen wegen Meineids vor einem ordentlichen Gericht einbrachte. Offenbart wurde ein reger Geld- und Gefälligkeitsverkehr mit Figuren wie aus einem Jerry-Cotton-Heft, mit Geldübergaben auf Autobahnraststätten und Rollfeldern, in Spelunken und Swinger-Klubs, mit Promi-Friseuren, Baulöwen, Spielerbräuten, puffbetreibenden Assistenztrainern und anderen Geldboten. Die Bilanz des Skandals war erschütternd: Mindestens 18 Spiele der letzten acht Spieltage der Saison 1970/71 waren verschoben worden, zehn von 18 Klubs waren beteiligt, 52 Spieler und zwei Trainer wurden gesperrt, teilweise lebenslänglich, es gab hohe Geldstrafen, Amtsentzug für 6 Funktionäre, Zwangsabstieg für Bielefeld und Offenbach. Die Zuschauerzahl der Bundesliga sank von 6,3 Millionen (70/71) auf 5,4 Millionen (72/73).

Ceaucescu, Nico, Sohn des rumänischen Diktators und in den 80er Jahren Präsident von Dinamo Bukarest, war bekannt dafür, Spielausgänge zugunsten seiner Mannschaft zu bestimmen und vor allem zugunsten seines Lieblingsstürmers Rodion Camataru – dieser kam 1987 mit Hilfe von oben auf 44 Saisontreffer und gewann den »goldenen Schuh« des besten europäischen Torjägers. Noch höher in der Gunst der Operetten-Diktatur stand Steaua Bukarest, das, wie der BFC Dynamo Berlin durch die Hilfe von Stasi-Chef Erich Mielke, praktisch gar nicht anders konnte als Meister und Pokalsieger zu werden. Im Pokalfinale 1988 wagte es der Schiedsrichter, ein Tor des Steaua-Stürmers Blint nicht anzuerkennen. Die Steaua-Elf wurde daraufhin angewiesen, das Feld zu verlassen, der Sportminister verbot den Medien, von dem Spiel zu berichten. Am nächsten Tag verkündete er, daß das Tor anerkannt worden sei und Steaua daher den Pokal gewonnen habe. Schiedsrichter und Linienrichter wurden gesperrt, jede Bildaufzeichnung gelöscht.

Derwall, Jupp, sah als überforderter Bundestrainer tatenlos zu, wie seine Elf im sogenannten »Nichtangriffspakt« von Gijón bei der WM 1982 Fußball mit Nichtstun verwechselte und den Ruf des deutschen Fußballs nachhaltig beschädigte. Als Deutsche und Österreicher rasch ihr Wunschresultat von 1:0 erreicht hatten, das beiden in die WM-Zwischenrunde weiterhalf, boten sie die ödesten 80 Minuten der Fußballgeschichte. Die dabei ausgebooteten Algerier wedelten auf der Tribüne sarkastisch mit Geldscheinen. Nach dieser laut Hans Blickensdörfer größten »Hanswurst-Kickerei« der WM-Geschichte schrieb die spanische Zeitung *El Pais*: »Es fehlte nur noch, daß sie sich küßten.« Doch ganz exklusiv hatten die verschwägerten Nachbarn diese Erfindung nicht. Auch die sozialistischen Brüder aus der Sowjetunion und der DDR einigten sich im Spiel um Platz drei bei den Olympischen Spielen 1972 in München stillschweigend auf ein friedliches Ende: Jedenfalls griff nach dem 2:2-Ausgleich der DDR in der 78. Minute niemand mehr an, auch in der Verlängerung nicht, und beide wurden mit Bronze belohnt.

Dunning hieß der Torwart von Aston Villa, der dem Fußball mit einem einzigen Schuß eine Regeländerung einbrachte, die bis heute gilt. Die gegnerische Mannschaft von Stoke drängte auf den Ausgleich und erhielt kurz vor Ende der Spielzeit einen Elfmeter zugesprochen. Da behalf Dunning sich auf einfallsreiche, wenn auch nicht sonderlich gentlemanmäßige Weise: Er prügelte den Ball vom Platz, weit in unübersichtliches Gelände hinein. Das war 1892, man war froh, wenn man überhaupt einen Ball hatte, Ersatz war also nicht in Sicht. Während das Spielgerät noch gesucht wurde, waren die 90 Minuten um, und der Schiedsrichter pfiff ab. Nach diesem Vorfall wurde die Regel eingeführt, daß ein Elfmeter immer noch ausgeführt werden muß, auch wenn die Spielzeit schon abgelaufen ist.

Figo, Luis, geriet ganz ohne eigenes Verschulden in kriminelles Umfeld. Im Frühjahr 2001 verübten zwei Serienräuber in Spanien mindestens zwölf Überfälle im Trikot des Mittelfeldstars von Real Madrid. Ob sie glaubten, damit den Verdacht auf den Portugiesen zu lenken? In Wirklichkeit steckte aber nicht kühle Berechnung, sondern hitzige Fußball-Leidenschaft dahinter, und die wurde den Tätern zum Verhängnis. Durch ihre mit Real-Devotionalien vollgekleisterten Zimmer in der elterlichen Wohnung gerieten die beiden Brüder in den Kreis der Verdächtigen und wurden bald verhaftet. Ein Polizeisprecher nannte ihr Verhalten »selten dämlich«. Gut, daß man die Täter da schon hatte. Für eine gezielte Fahndung hätte diese Personenbeschreibung auch unter Fußballfans kaum ausgereicht.

Gaudino, Maurizio, bleibt der Nachruhm der bekanntesten Verhaftung im deutschen Fußball. Der Mittelfeldspieler wurde 1994 nach einer Fernsehshow, in der er mit Katarina Witt getanzt hatte, festgenommen – aber nicht deswegen, sondern wegen Verwicklung in Autoschiebereien. Zwei Wochen zuvor war Gaudino, der für DFB-Juniorentrainer Hannes Löhr einst nur eine Perspektive als »Hausmeister in Neapel« hatte, sich aber mit 16 von Berti Vogts zur deutschen Staatsbürgerschaft überreden ließ, gemeinsam mit Anthony Yeboah und Jay Jay Okocha vom Frankfurter Trainer Jupp Heynckes suspendiert worden. Die Fans reagierten bei künftigen Auftritten

Gaudinos, indem sie einen Werbe-Song für öffentlichen Nahverkehr mit leichter Textänderung skandierten: »Maurizio, rück den Fiat Uno raus, fahr Bus und Bahn, fahr Bus und Bahn.«

Grobbelaar, Bruce, hat laut Beweisaufnahme der englischen Strafverfolgungsbehörden in 25 Spielen der Premier League absichtlich Tore zugelassen zugunsten eines malayischen Wettsyndikates. In einem Video sagte der Torwart aus Zimbabwe: »Ich bin absichtlich falsch runtergetaucht, aber der Ball knallte gegen meine verdammte Hand«. Aber wegen Verfahrensfehlern erhielt er einen Freispruch dritter Klasse. In den 90er Jahren machte sich die aggressive asiatische Wettmafia mit ihren Einsätzen vor allem im englischen Fußball einen berüchtigten Namen – gesetzt wird dort gern auf exakte Ergebnisse, mit denen sich bis zu 80.000 Dollar pro Spiel verdienen lassen.

Held, Oliver, wehrte am vorletzten Spieltag der Bundesligasaison 1997/98 bei 1:0-Führung für Schalke gegen den 1. FC Köln den Ball auf der Torlinie mit der Hand ab. Schiedsrichter Kemmling sah es nicht, fragte nach, Held beteuerte: »Es war der Kopf, ich schwöre«. Es war die Hand, was durch Fernsehbilder deutlich zu beweisen war, aber zu spät. Schalke kam in den UEFA-Cup (und nicht Hansa Rostock), Köln stieg ab (und nicht Mönchengladbach).

Legat, Torsten, prügelte sich einmal an Silvester mit einem Nachbarn seiner Eltern in Bochum, wurde angezeigt und behauptete, er wäre in Stuttgart gewesen. Der VfB bestätigte dämlicherweise diese Version wider besseres Wissen – leider war Legat in Bochum von mehreren Leuten gesehen worden. Einmal erklärte er eine schwache Leistung im Trikot von Eintracht Frankfurt intern damit, daß sein Vater gestorben sei – der Klub kondolierte daraufhin und schickte einen Trauerstrauß an die Familie. Der quietschlebendige Vater Legat nahm ihn überrascht entgegen.

Maradona, Diego, schoß unvergeßliche Tore, doch der Fluch der bösen Tat bleibt, daß sein meisterinnertes ein gestohlenes Tor war, ein irreguläres, ein Handtor, das Argentinien auf dem Weg zum WM-Sieg 1986 den 2:1-Viertelfinalsieg gegen England bescherte. Der König des Fußballs als Dieb. Er selber sah es als »Hand Gottes«. Auch seine letzte WM endete mit einem Skandal. 1994 in den USA wurde Maradona mit fünf verschiedenen Ephedrinen, also Aufputschmitteln, erwischt, einem Cocktail aus Schlankheitsmitteln – das Ende seiner internationalen Karriere. Um die Belanglosigkeit der Einnahme zu belegen, verglich er sich diesmal nicht mit Gott, sonden den hohen FIFA-Herren: »Herr Havelange oder Herr Blatter könnten das schlucken und würden doch nur herumschlurfen wie alte Männer.«

Matthäus, Lothar, wurde einmal als Abiturient ausgegeben. Erstaunlicherweise mit Erfolg. Kurz nach seinem Länderspieldebüt bei der Europameisterschaft 1980 in Italien (beim 3:2-Sieg gegen Holland, wo er bei 3:0-Füh-rung eingewechselt worden war, einen Elfmeter verschul-det und die deutsche Mannschaft noch in Schwierigkei-ten gebracht hatte) verstärkte er die Schülermannschaft des Erlangener Marie-Therese-Gymnasiums, wo seine er-ste Frau Sylvia gerade Abitur gemacht hatte, im traditio-nellen Spiel Abiturienten gegen Lehrer. Die Schüler ge-wannen 4:3, Matthäus schoß vier Tore.

Mielke, Erich, schaffte es durch seinen langen Arm als Stasi-Chef, daß sein Lieblingsverein BFC Dynamo (Ost-) Berlin zehnmal in Folge, von 1979 bis 1988, DDR-Meister wurde – kein Schiedsrichter, oft nicht einmal ein gegnerischer Spieler traute sich in entscheidenden Spie-len etwas gegen den Mielke-Klub zu unternehmen. Doch im europäischen Vergleich, wo Spitzen mehr zählen als Spitzel, konnte Dynamo keine Funken schlagen: In den letzten zehn Jahren der DDR endeten die Versuche im Europapokal der Landesmeister meistens in Runde 1 oder 2, zweimal nur schaffte man es bis ins Viertelfinale. Der letzte Europa-Auftritt des Mielke-Meisters endete im Oktober 1988 mit der peinlichsten Schlappe für Dynamo: Nach einem 3:0-Heimspielerfolg gegen den deutschen Meister Werder Bremen verloren sie das Rückspiel im Weserstadion 0:5.

Möller, Andreas, steht für die wohl dümmste und dreisteste öffentliche Lüge der Bundesligageschichte, durch sein Mikrofon-Bekenntnis vor den Fans: »Ich bleibe bei Borussia Dortmund« – kurz vor dem schon feststehen-den, aber noch geheimen Wechsel zu Eintracht Frankfurt.

Und er beging das peinlichste vorgetäuschte Foul der Bundesliga, einen versuchten Flug-Betrug, der so große Empörung auslöste, daß die Schwalbe zur verfolgten Art wurde. Das geschah 1995, als Möller im freien Luftraum gegen Karlsruhe, rund zwei Meter von Gegenspieler Dirk Schuster entfernt, abhob. Das brachte Dortmund einen Elfmeter, einen 2:1-Sieg und letztlich die erste deutsche Meisterschaft ein (mit einem Punkt vor Bremen) – und Möller nachträglich zwei Spiele Sperre wegen »sportwidrigen Verhaltens«.

Rojas, Roberto, Torwart Chiles, genannt »Kondor«, brach in der WM-Qualifikation für 1990 im Spiel gegen Brasilien blutend zusammen, offenbar getroffen von einem Gegenstand, den ein Zuschauer im Maracána-Stadion geworfen hatte. Später stellte sich heraus, daß Rojas sich den Schnitt selber zugefügt hatte. Chile wurde für zwei Weltmeisterschaften gesperrt, Rojas lebenslänglich.

Röthlisberger, Kurt, war einer der international renommiertesten Schiedsrichter, ehe er 1997 lebenslänglich gesperrt wurde. Der Schweizer hatte Grashoppers Zürich angeboten, den russischen Referee Wadim Schuk vor dem Champions-League-Spiel gegen AJ Auxerre im Oktober 1996 mit 100.000 Franken zu bestechen.

Sergio, Paulo, rettete seinen Klub nur dadurch vor dem Abstieg, daß er eines der ehernen ungeschriebenen Gesetze des Fairplay mißachtete. Neun Minuten vor Abpfiff der Saison 1995/96 warf der Brasilianer den wegen einer Verletzung freiwillig ins Aus gespielten Ball nicht zu den Kaiserslauterern zurück. Bayer Leverkusen schaffte im Angriff, der sich aus dieser Aktion entwickelte, das rettende 1:1. Lautern stieg ab.

Solti, Deszo, ein Ungar, war in den 60er Jahren bei Inter Mailand fürs Kaufen von Schiedsrichtern zuständig. 1965 gewann Inter im Europacup-Halbfinale gegen den FC Liverpool durch einen direkt verwandelten indirekten Freistoß von Corso und durch ein Tor, bei dem Peiro dem englischen Torwart den Ball aus den Händen trat. Das blieb aber keine Episode aus den 60ern. Als der italienische Klub Perugia 1993 bezichtigt wurde, Schiedsrichter gekauft zu haben, verteidigte sich der Präsident: »Der Fußball ist zu 80 Prozent korrupt.«

Taliban-Schergen stürmten im Juli 2000 das Spielfeld in Kandahar, während eine afghanische Jugendauswahl gegen Exil-Afghanen aus Pakistan spielten. Sie verhafteten alle Pakistani, die sie kriegen konnten. Der Vorwurf: das Tragen kurzer Hosen. Wer nicht ins pakistanische Konsulat entkam, wurde von den Taliban kahlgeschoren. Nach Gesetz der Taliban mußten Fußballer lange, weite Hosen und langärmelige Trikots tragen. Ihr Verständnis von der Rolle eines Volksvergnügens wie Fußball zeigten die Steinzeit-Islamisten auch in der Wahl ihrer meistgenutzten Hinrichtungsstätte: Im Stadion von Kabul wurden Tausende von Delinquenten erschossen.

Tapie, Bernard, kaufte als Präsident von Olympique Marseille 1993 für 250.000 Francs den Sieg im letzten Auswärtsspiel der Saison in Valenciennes und damit den Meistertitel – sechs Tage vor dem Champions-League-Triumph gegen den AC Mailand. Dafür mußte der Meister in die 2. Liga und der Adidas-Chef und Ex-Minister Tapie für acht Monate ins Gefängnis. Olympique-Generaldirektor Jean-Pierre Bernés gab später zu, daß für solche »Maßnahmen« pro Jahr 5 bis 6 Millionen Mark zur Verfügung gestanden hätten.

Vanden Stock, Constant, Präsident des RSC Anderlecht, bestach 1984 vor dem UEFA-Cup-Halbfinale gegen Nottingham Forest den spanischen Schiedsrichter Gurizeta Muro mit mehr als 50.000 Mark – wofür der belgische Rekordmeister dreizehn Jahre später für ein Jahr von den europäischen Wettbewerben ausgeschlossen wurde. Der Spielervermittler Rene van Aaken, der Vanden Stock mit dem Wissen um die Bestechung jahrelang erpreßt hatte, behauptete, Belgiens Meisterschaft sei zwölf Jahre lang von Anderlecht verfälscht worden, pro Saison habe der Klub fünf bis sechs Spiele gekauft. Der Klub erwies dem freigebigen Präsidenten seine Dankbarkeit: Er benannte sein Stadion nach ihm.

Verón, Juan Sebastian, wurde flugs zum Italiener, weil sein neuer Verein Lazio Rom den argentinischen 60-Millionen-Mark-Einkauf als EU-Ausländer brauchte. Damals wurde von phantasievollen Hintermännern ein gewisser Giuseppe Porcella gefunden, der um die Jahrhundertwende von Kalabrien aus nach Buenos Aires ausgewandert sein und dort Veróns Ururgroßmutter Elvira Goyena geheiratet haben sollte. So erhielt der Argentinier Verón am 9.9.99 den gewünschten Paß, damit neben ihm drei Nicht-EU-Ausländer (damals das Maximum) wie der Serbe Mihajlovic, der Tscheche Nedved oder der Chilene Salas auflaufen konnten. Leider aber war der angebliche Urahn nie aus Süditalien weggekommen, und im Zuge der dutzendfach aufgedeckten Stammbaum- und Paßfälschungen südamerikanischer Spieler im europäischen Fußball flog auch Veróns Fall auf. So fand sich der italienische Meister des Jahres 2000 auf der Anklagebank wieder. Das führte letztlich zum Verkauf des umworbenen Spielmachers an Manchester United für 90 Millionen Mark im Sommer 2001.

Wohlfarth, Roland, der Bayern-Torschütze vom Dienst der 80er Jahre, war ein Bochumer geworden und damit längst schon auf dem Abstellgleis seiner Karriere gelandet, als man ihn 1994 bei einem Hallenturnier mit Mitteln aus einem Appetitzügler erwischte. So wurde er zum ersten verurteilten Dopingsünder im deutschen Fußball.

Zenker, Wolfgang, Vizepräsident der Frankfurter Eintracht, legte Anfang der 80er Jahre mit seinen berüchtigten »Bauherrenmodellen« zahllose Profis nicht nur seines eigenen Klubs aufs Kreuz. Viele standen am Ende ihrer Karriere statt mit Immobilien oder Ersparnissen nur mit Schulden da. Der Koreaner Bum Kun Cha, eines der bekanntesten Opfer des Finanzjongleurs, zahlte nach diesem »Modell« für zwei Häuser in Wuppertal und Velbert

an Zenkers Firmengruppe eine »Vermittlungsgebühr«
von 40 Prozent. Bauherrenmodelle gibt es längst nicht
mehr, aber als Begriff für die finanzielle Unbedarftheit
von Fußballern sind sie immer noch geläufig.

Betrug und Falschspielerei

13. Nieten im Funktionärsdress
Die phantastischsten Organisationspannen

Die **ARD** verpaßte wegen der lächerlichen Summe von
6.600.- Mark das großartigste Spiel, das je eine deutsche
Mannschaft im Europapokal geboten hat. Das war 1971,
als Fernsehsender noch nicht Abermillionen für Sende-
rechte bezahlten, sondern für Live-Übertragungen von
Vereinen sogar selber kassierten – die Klubs holten ihr
Geld dann mit der Bandenwerbung wieder herein.
60.000.- Mark sollte Borussia Mönchengladbach für die
Übertragung des Spiels gegen Inter Mailand an die ARD
bezahlen, außerdem 10.000.- Mark an Eintracht Braunschweig dafür, daß die Niedersachsen ihr zeitgleiches
Spiel gegen Atletic Bilbao vorzogen. Doch dann wollte
die ARD auch noch 11 Prozent Mehrwertsteuer von den
Gladbachern haben, und wegen dieser Differenz über
6600.- platzte letztlich die Übertragung. So gibt es keine
Fernsehbilder des legendären 7:1-Spielrauschs des deutschen Meisters, des größten Spiels von Günter Netzer
und des berüchtigten Dosenwurfes auf das Schauspielta-
lent Boninsegna, das Gladbach letztlich das Weiterkommen kostete.

Badeschlappen trugen die Dänen, die 1992 als Ersatz
für die politisch disqualifizierten Jugoslawen zur Europameisterschaft nach Schweden kamen, natürlich nicht auf
dem Platz, aber sozusagen metaphorisch während des
gesamten Turniers: als der Europameister, der aus dem
Urlaub kam, als Badeschlappen-Champion. Dagegen die
deutsche Delegation: alles wie immer kleinklein durchor-
ganisiert, Trainingslager hin und zurück, Gruppendyna-

mik nach Deutscher Industrie-Norm, alles überwacht vom Oberaufseher Berti Vogts. Wenn am Ende die spaßigen Improvisierer die bierernsten Überorganisierer so ausspielen, wie das im Finale beim 2:0-Sieg der Dänen geschah, dann freut sich die Fußballwelt. Und sogar im deutschen Fußballherz freut sich ein Zipfelchen mit. Schließlich gilt der Deutsche als Urlaubs-Weltmeister. Da durften die Dänen ruhig mal Urlaubs-Europameister sein.

Der **Deutsche Fußball-Bund (DFB)** erfreut seit Jahrzehnten die deutsche Fernsehgemeinde durch das Ritual der Auslosung für die nächste Pokalrunde. (Legendär Walter Baresel, der stets vom »MSV Du-isburch« sprach). Der anwesende DFB-Justitiar gibt dem ganzen das Gepränge eines Staatsgründungsakts, die Prozedur selbst erinnert in ihrer rührenden Schmucklosigkeit und Umständlichkeit eher an die Pilotsendung von »Hätten Sie's gewußt?« von 1960. Und im Jahre 1986 wurde die Fangemeinde dann endlich auch einmal mit einer Panne belohnt: Eine Loskugel (mit dem Zweitligisten Stuttgarter Kickers darin) war während der Ziehung unter den Tisch gerollt, so daß Tennis Borussia Berlin als vorletzte gezogene Mannschaft ohne Gegner blieb. Später mußte die Auslosung deshalb komplett wiederholt werden. Kurioserweise wurde dabei welche Partie erneut gezogen? Stuttgarter Kickers gegen Tennis Borussia. Die Stuttgarter siegten nicht nur gegen TeBe, sondern kämpften sich sogar bis ins Finale, wo sie dem HSV mit 1:3 unterlagen. 1999 wiederholte sich die Panne in den Räumen des Berliner Olympiastadions. Die Auslosungsprozedur war noch umständlicher geworden (die Glücksfee Astrid Kumbernuß mußte ihrer Ausbildung zur Kugelstoßerin gemäß mit schwarzen und weißen Kugeln und Halbkugeln hantieren) – und plötzlich fehlte wieder eine Mannschaft. Eintracht Trier war in einer Schublade vergessen worden. Trotz Protestes wurde die Auslosung diesmal aber nicht wiederholt.

Dynamo Dresden wurde 1995, achtzehn Jahre nachdem dem Bonner SC wegen unseriöser Finanzplanung vom DFB als erstem Profiklub überhaupt die Zweitligalizenz verweigert worden war, als erster Bundesligaklub wegen finanzieller Unregelmäßigkeiten die Lizenz entzogen. Dem sächsischen Traditionsklub und letzten Meister der DDR-Oberliga hatte der Bauunternehmer Rolf-Jürgen Otto mit 17 Millionen Mark Schulden in nur zwei Spielzeiten den Rest gegeben. Schon in der Saison 1993/94 wurden den Dresdnern wegen Fälschung der Lizenzunterlagen vier Punkte abgezogen. Ein Jahr später folgte die Zwangsversetzung zu den Amateuren. Fünf Jahre später zog der SSV Ulm nach, für den es parallel zum finanziellen Abstieg auch sportlich gleich runter in die fünfte Klasse ging.

Der **FIFA**, dem Fußball-Weltverband, gefiel es, bei der WM 1974 das gute alte, ab dem Viertelfinale zum Einsatz kommende K.o.-System (nur 1950 einmal ohne großen Erfolg durch eine Finalrunde ersetzt) durch eine zähe Zwischenrunde abzulösen, deren remisreiches Unwesen erst 1986 wieder abgestellt wurde. Als besonders wettbewerbsverzerrend stellte sich dabei, wie auch in manchen Vorrundengruppen, heraus, daß der 3. und letzte Gruppenspieltag nicht synchron ausgespielt wurde und deshalb einer Mannschaft (oder im schlimmsten Fall sogar zwei) die Möglichkeit gegeben wurde, sich im letzten Spiel – in Kenntnis des Ergebnisses der vorletzten Partie – das passende Resultat zurechtzulegen. So nutzten die Argentinier die Gelegenheit, sich als Gastgeber der WM 1978 im letzten Gruppenspiel den nötigen Ertrag vorzunehmen, ein 6:0 gegen Peru, das sie anstatt des machtlos zuschauenden Rivalen Brasilien ins Finale brachte. Vier Jahre später kam es noch schlimmer, als im letzten Vorrundengruppenspiel ein passendes Ergebnis für beide Mannschaften möglich wurde, ein knapper Sieg für Deutschland gegen Österreich. Das Resultat stand schon nach wenigen Minuten fest, der Rest ging als »Nichtangriffspakt von Gijon« in die unterste Schublade der WM-Geschichte ein. Vier Jahre später war endlich Schluß mit der Zwischenrunde und Schluß mit den Absprachen: Seitdem werden beide Spiele des 3. Spieltages in den Vorrundengruppen zeitgleich ausgetragen.

Dabei konnten Deutsche und Österreicher nicht einmal für sich reklamieren, Erfinder des »Nichtangriffspaktes« zu sein. Diese zweifelhafte Ehre gebührt den englischen Klubs Stoke und Burnley, die 1898 als vermutlich einzige Mannschaften der Fußballgeschichte keinen einzigen Schuß aufs gegnerische Tor abgaben. In der Relegation zur ersten Liga reichte ein 0:0 Stoke zum Nicht-Abstieg und Burnley zum Aufstieg.

Besonders grotesk wurde dieses Beispiel hundert Jahre später nachgeahmt, beim »Tiger Cup« 1998 in Vietnam: Indonesien war vor dem letzten Gruppenspiel schon qualifiziert, Thailand brauchte noch ein Unentschieden. Aber keiner der beiden Gegner wollte Gruppensieger werden, weil man dann im Halbfinale gegen das favorisierte Heimteam in Hanoi hätte antreten müssen. Niemand ver-

 Die phantastischsten Organisationspannen

suchte also, ein Tor zu schießen. Der Schiedsrichter mußte in der ersten Halbzeit kein einziges Mal pfeifen. Die
Zuschauer waren bis zur 15. Minute verschwunden. In der
letzten Spielminute verlor Indonesien durch ein absichtli-
ches Eigentor, als der Torwart der Rückgabe eines Ab-
wehrspielers aus dem Weg ging. Der asiatische Verband
bestrafte beide Teams mit je 40.000 Dollar Buße.

Gil y Gil, Jesus, vollbrachte ein wahres Meisterwerk
langfristiger Vereinsplanung, als er Mitte der 90er Jahre,
als gerade ganz Fußballeuropa der Jugendschule von
Ajax Amsterdam nacheiferte, den kompletten Jugendbe-
reich seines Klubs Atletico Madrid dichtmachte. Einem
gewissen Raul blieb damals nichts anderes übrig, als den
Klub zu wechseln. Er ging zu Real und wurde einer der
torgefährlichsten Stürmer der Welt. Atletico stieg 2000 in
die 2. Liga ab.

Kolumbien mußte die wohl unwiederbringliche Chance, eine Weltmeisterschaft auszurichten, wegen desola-
ter Wirtschaft und gewalttätigen Drogenhandels im Jahr
1982 fahren lassen. So kam Mexiko für das Turnier 1986
nach nur 16 Jahren zum zweiten Mal zu einer WM.

Leipzig, VfB, verdankt den historischen Ruhm des ersten deutschen Fußballmeisters auch einer fiesen Fälschung anonymen Ursprungs. Den vorgesehenen Halb-
finalgegner der Leipziger, den Karlsruher FV, erreichte
vor dem Spiel 1903 das Telegramm: »Meisterschaftsspiel
verlegt. DFB.« Der KFV blieb daheim, statt nach Leipzig zu

fahren. Doch die Depesche war eine Fälschung, deren Urheber nie ermittelt werden konnte. Karlsruhe wurde vom DFB disqualifiziert, Leipzig kam kampflos ins Finale und wurde erster deutscher Meister (7:2 gegen DFC Prag).

Madrid, Real, nahm es einmal wörtlich, daß ein Tor fällt – spanische Fußballkunst ist nichts gegen spanische Heimwerkerfähigkeiten, wie mehr als zehn Millionen deutsche Fernsehzuschauer im April 1998 miterleben konnten. Bevor das Champions-League-Halbfinale Real gegen Borussia Dortmund angepfiffen wurde, fiel ein Tor um, und bis es dann angepfiffen wurde, hatten sich dutzendfach überforderte Platzwarte und Platzwartgehilfen im Bernabeu-Stadion ein abendfüllendes, sehenswertes Duell mit den Tücken des Objekts geliefert. Marcel Reif sagte: »Ein Tor würde dem Spiel gut tun.« Nach 90 Minuten war es endlich soweit: Es wurde angepfiffen (anstatt, wie üblich, abgepfiffen). Bilanz des Abends: Real hatte ein Tor gemacht und zwei geschossen. Ein paar Wochen später gewannen sie die Champions League und entließen, nein, nicht den Platzwart, sondern den Trainer Jupp Heynckes.

Mönchengladbach, Borussia, brachte sich einmal um ein Haar durch morsches Gebälk um die verdiente Meisterschaft. 1971 stand es am Bökelberg 1:1 gegen Werder Bremen, 87. Minute, Netzer flankt, Stürmer Laumen und Torwart Bernard springen, landen im Netz, der Pfosten bricht. Tor hin, Netz her – Spielabbruch, Wertung 0:2. Gladbach wird trotzdem Meister. Seitdem sind Ersatztore Pflicht in Bundesligastadien.

 Die phantastischsten Organisationspannen

München, Bayern, erfreute die kleine deutsche Fußballwelt am 11. Spieltag der Bundesligasaison 2001/2002
mit einer liebenswürdigen Unachtsamkeit: Zum Auswärtsspiel beim 1. FC Köln am 27. Oktober 2001 hatte der deutsche Mustermeister die grauen Auswärtstrikots vergessen, die roten aber unterschieden sich nicht erkennbar
von denen der Kölner. Also mußten die Bayern mit über-
gezogenen weißen Leibchen auf den Platz, die ein wenig
nach Feierabendtruppe aussahen. Es reichte zu einem
lockeren 2:0-Sieg. Aber gegen diese Kölner hätten sie
auch gewonnen, wenn sie ihre Schuhe in München vergessen hätten.

Österreich hätte die erste Fußball-WM 1930 ausrichten
können, doch das Praterstadion wurde nicht rechtzeitig
fertig. So verzichtete man ebenso wie der Deutsche Fußball-Bund, der auf der Abgrenzung von Amateuren und
Profis herumritt und deshalb nicht nur auf eine Ausrich-
tung, sondern auch auf eine Reise zur WM pfiff. Uruguay
rettete schließlich als erster WM-Ausrichter die Idee,
doch erst nach vielen Bemühungen fanden sich gerade
einmal vier europäische Mannschaften bereit für die lange Schiffsreise nach Südamerika: Jugoslawien, Rumänien,
Belgien, Frankreich. Dabei sollte es nie wieder so leicht
sein, Weltmeister zu werden.

Recht, Bruno, hieß der unglückselige Präsident von
Fortuna Düsseldorf, der den Niedergang seines Klubs
durch Schusseligkeit mitverschuldete. Wie der stets mit-
leidende Fortuna-Fan Helmut Schümann in seinem Buch
»Das Runde muß ins Eckige« beklagt, verpaßte es Düs-

seldorf, den jungen Günter Netzer zu verpflichten, weil Recht sich zur geplanten Vertragsunterzeichnung verspätete. Da ging Netzer lieber zu Borussia Mönchengladbach und zeigte dort den Fußball, der nicht nur die Romantiker des Spiels begeisterte. »Mit ein wenig mehr Pünktlichkeit wäre die Geschichte des Fußballs, der Bundesliga, ja, und selbst die der Republik völlig anders verlaufen«, schreibt Schümann. Die Quittung bekam Recht zwei Jahrzehnte später von einem anderen Gladbacher, als ihm der frühere Borusse und von Recht ausgemusterte Fortune Wolfgang Kleff vor versammeltem Publikum die blanke Kehrseite zeigte.

Sat 1 fand in der Spielzeit 2001/02 schon nach ein paar Spieltagen heraus, was von ihrer ran-Sendung blieb, als sie die Bundesliga nach 38 Jahren im Vorabendprogramm hinter die Tagesschau-Zeit schoben, um den mauen Abo-Zahlen von Leo Kirchs »Premiere« unter die Arme zu greifen: nur ein Spartenprogramm. Noch so gerade bevor Arte mit seinen Einschaltquoten vorbeizog, wurde die Notbremse gezogen und die Rote Karte ganz regelwidrig umgangen. Mögen die Fernsehmacher noch so viel Geld für Fußball hinblättern, das sie dann vergeblich wieder hereinzuholen versuchen, eins werden sie nie schaffen: den Fan von seinen Gewohnheiten wegzubringen. Bundesliga im Radio um halb vier, im Fernsehen um sechs, spätestens um sieben – mit diesen eisernen Vorlieben schaffte es der gesunde Fußballverstand, auch den Unfug mit dem Samstagabendspiel um viertel nach acht nach nur einem Jahr auf die Müllhalde der Programmplanung zu schieben.

Die **UEFA** zeigte sich bei der Auslosung der Qualifika-
tionsgruppen für die Europameisterschaften 1992 nicht
ganz auf der Höhe der politischen Ereignisse: Ausgelost
wurde im Frühsommer 1990 ausgerechnet das deutsch-
deutsche Bruderduell BRD – DDR. Ein Jahr zuvor wäre
das noch ein brisanter Knaller gewesen – nun aber hatte
Helmut Kohl bezüglich der Wiedervereinigung längst seinen berühmten Satz gesprochen »Seiters, die Sache ist
gelaufen«; und BILD titelte treffend: »So ein Quatsch: Wir
gegen uns!«

Das Problem ließ sich relativ glimpflich lösen, indem aus
der deutsch-deutschen Fünfergruppe einfach eine Vie-
rergruppe gemacht wurde. Die vereinten Deutschen
schafften es dann auch tatsächlich, sich in dieser Ham-
mergruppe durchzusetzen – unter anderem durch einen
souveränen 3:2-Sieg in Luxemburg und trotz einer 0:1-
Niederlage in Wales.

»So flüssig und so zwingend formuliert wie ein Maradona-Solo.«

Abendzeitung

Christian Eichler
Lexikon der Fußballmythen
402 Seiten • Geb. mit SU.
€ 22,90 (D) • sFr 37,–
ISBN 3-8218-0969-8

Der Ball ist rund und ein Spiel dauert 90 Minuten.
So weit, so gut. Aber: Wer schoß das Tor des Jahr-
hunderts? Wie oft gelang das »Wunder von der
Weser«? Wer ist der letzte Exot der Bundesliga?

Das Lexikon der Fußballmythen gibt Antwort auf
alle typischen Streit- und Fangfragen. Übersichtlich
geordnet, mit Detailwissen und Sprachwitz, präsentiert Christian Eichler die großen Mythen und Legen-
den des Fußballs – vom *Abstiegskampf* bis zur *Regen-
schlacht* und vom *Angstgegner* bis zum *Hackentrick*.

 **Eichborn.**

Kaiserstraße 66
60329 Frankfurt
Telefon: 069 / 25 60 03-0
Fax: 069 / 25 60 03-30
www.eichborn.de
Wir schicken Ihnen gern ein Verlagsverzeichnis.